この本の特色

① **コンパクトな問題集**

　入試対策として必要な単元・項目を短期間で学習できるよう，コンパクトに
まとめた問題集です。直前対策としてばかりではなく，自分の弱点を見つけ出
す診断材料としても活用できるようになっています。

② **豊富なデータ**

　英俊社の「高校別入試対策シリーズ」「公立高校入試対策シリーズ」の豊富な
入試問題から問題を厳選してあります。

③ **ちかみち**

　「これだけは確認しておきたい」事項や「知っておくと役立つ」知識を
ちかみち として掲載しています。

④ **全　訳**

　長文問題には，すべて全訳がついています。設問に関わるところだけではな
く，全体の内容を理解するのに役立てましょう。

この本の内容

JN051626

1 ペットを救う基金 近道問題

● 次の英文を読み，設問に答えなさい。 (京都橘高)

　Charlie the dog was at home in Los Angeles with her *owners and their two other dogs. She was on the sofa when two *burglars *broke in. All three dogs *chased the men, and the children followed and tried to save their dogs. When the men were (1)(run) away, one of them *fired several shots.

　Two shots hit Charlie and hurt her front and back right legs. When the children *screamed, one of the other dogs tried to help Charlie by (2)(push) her back into the house. The mother was sure ((3)).

　After the police arrived, Charlie was taken to a *shelter, because her owners could not pay for the *surgery. (4)The whole family cried and said goodbye.

　The workers at the shelter (5)(fall) in love with Charlie, and one of them decided to contact *the North Central Shelter Intervention Program. This program helps owners if they cannot pay for *medical treatment for their pets. The program made a *crowdfunding page for Charlie to try to give her the treatment and then to get her back to her family.

　Their ☐X☐ was to *raise $4,000. The message on the page said: "We want to raise the *funds to give her medical treatment. Also, we want her to go back home and live with her family again! She misses them very, very much."

　Many people *responded, and Charlie had the surgery. She also went back her own home. The family says that Charlie is fine and that she lives a happy life with her family.

　And the page created for her? It raised more than $8,000 — more than the cost of her surgery. All of the extra money will go to the North Central Shelter Intervention Program to support other pets and their loving owners in the future.

　注) *owner：飼い主　　*burglar：強盗　　*break in：押し入る　　*chase：追う

*fire several shots：数回発砲する　　*scream：叫ぶ　　*shelter：保護施設

*surgery：手術

*the North Central Shelter Intervention Program：北中央保護施設の介入
　プログラム

*medical treatment：治療

*crowdfunding：クラウドファンディング（インターネットを通じて一般人か
　ら出資を募る活動）

*raise：集める　　*fund：基金　　*respond：反応する

問1　下線部(1)，(2)，(5)を適切な形に直しなさい。

　(1)(　　　　)　(2)(　　　　)　(5)(　　　　)

問2　空所(3)に入る英文をア〜エから1つ選び，記号で答えなさい。（　　　　）

　ア　Charlie was bored and ran away.

　イ　Charlie saved her children.

　ウ　Charlie was safe and fine.

　エ　Charlie didn't help the children.

問3　次の1〜4について第1段落，第2段落の内容と一致するものは○，一
致しないものは×で答えよ。ただし，すべて同じもので答えないこと。

　1　Two burglars broke into Charlie's house and ran away. （　　　　）

　2　Charlie and the other two dogs ran after the burglars. （　　　　）

　3　The children followed their dogs but all the dogs were hurt.

　　　　　　　　　　　　　　　　　　　　　　　　　　　　　（　　　　）

　4　Charlie was hurt and one of the other dogs tried to save her.

　　　　　　　　　　　　　　　　　　　　　　　　　　　　　（　　　　）

問4　下線部(4)の理由は何ですか。文中の内容にそって，空所にそれぞれ適切
な日本語を入れなさい。

　　ただし，字数を守ること。

　①　□□□□□□□□□□□□□□□□□□□□□□□□□□□□□□□□□□□□□

　②　□□□□□□□□□□□□□□□□□

　　［①　（25字前後）］ため，チャーリーが［②　（10字前後）］から。

問5　空所　X　に入る最も適切なものを1つ選び，記号で答えなさい。

　　　　　　　　　　　　　　　　　　　　　　　　　　　　　（　　　　）

　ア　mind　　イ　advice　　ウ　power　　エ　goal

問 6　次の Question に対する答えとして最も適切なものを 1 つ選び，記号で
答えなさい。（　　　）

Question：How will $8,000 be used?

　　ア　The funds will not be used to give Charlie medical treatment

　　イ　The program will use all the money for Charlie.

　　ウ　The funds will support Charlie, other pets, and their owners.

　　エ　Charlie's family will use all the money to have the surgery for her.

2 人助けの趣味 近道問題

● 次の英文を読んで，後の問に答えなさい。ただし，＊印のある語句には本文の最後に注があります。 （開明高）

In 1971 when Larry Stewart was 22 years old, he lost his job. (1)For weeks he drove [for / city / from / looked / city / and / to] work. He found nothing. In a small town in *Mississippi, (2)his car ran (X) (Y) gas and he ran (X) (Y) money. He couldn't pay for a hotel room, so he (3)(sleep) in his car. He had no money to buy food, so he got really hungry. For two days, (4)he ate nothing at all.

Early in the morning, Larry went to a small restaurant. Only one man was working there. He was the restaurant's owner. Larry ate a big breakfast. When the owner gave him the *bill, Larry reached into his back pocket. [A] Of course, that wasn't true; Larry's wallet was in his car, but (5)[no / in / there / it / money / was].

The owner *bent down and reached under Larry's table. When he (6)(stand) up, he had a $20 bill in his hand. "I think you dropped this," he said. He put the money in Larry's hand. [B] He paid for his breakfast, then pushed his car to a gas station and filled the tank.

Larry decided to drive to *Kansas City, Missouri, because he had a cousin there. "Maybe my cousin can *help me find work," Larry thought. On the way to Kansas City, Larry thought about the restaurant owner. "He didn't really find that $20 bill under my table," Larry decided. "He gave me his money."

In Kansas City, Larry found a job. Later he started a cable TV business, and it was a success. Nine years after he arrived in Kansas City, Larry was a rich man.

One day Larry went to a restaurant in Kansas City and (7)(ア) a hamburger (イ) lunch. The waitress who took his order looked tired. Larry *thought back to 1971, when he was tired, hungry and *out of work. He thought about the small restaurant in Mississippi and the man who

*had given him \$20. When the waitress (8) (bring) the bill, Larry gave her \$20. "Keep the *change," he told her. The waitress started to cry. "Thank you, sir," she said. "Thank you very much."

When Larry left the restaurant, he went to his bank and got some \$100 bills. All day he walked around Kansas City with the money. When he saw people who looked sad or poor, he gave them a \$100 bill. At the end of the day, he (9) (feel) wonderful.

Larry had a new hobby: giving money away. Sometimes he gave \$100 bills to people on the street. Sometimes he went to fast-food restaurants or *laundromats and gave money to people there. (10) He returned to the restaurant in Mississippi and gave the owner an envelope with \$10,000 in it. When the man opened the envelope, he tried to *hand it back.

[C   ] "I came to *pay you back." *Altogether, Larry gave away more than one million dollars.

"(11) We are here on earth to help one another," Larry said. "Help the people who helped you. Help others, too. Don't just pay it back. Pay it forward."

注) *Mississippi　ミシシッピ州　　*bill　勘定, 紙幣

　　*bent down　しゃがんだ

　　*Kansas City, Missouri　ミズーリ州カンザスシティ

　　*help A ～　Aが～するのを手伝う

　　*thought back to ～　～について思い返した　　*out of work　職がない

　　*had given　与えた　　*change　お釣り

　　*laundromats　コインランドリー　　*hand ～ back　～を返す

　　*pay ～ back　～に返金する　　*Altogether　総額で

問1　下線部(1)と(5)がそれぞれ意味の通る英文になるように, [　　]内の語を正しく並べかえなさい。

　　(1)…drove (　　　　　　　　　　　　　　　　　　　) work.

　　(5)(　　　　　　　　　　　　　　　　　　　　　　　　).

問2　下線部(2)が「彼の車のガソリンが切れ, そして彼はお金を使い果たした」という意味になるように, (X) と (Y) にそれぞれ共通する適切な語を1語ずつ入れなさい。X (　　　　) 　Y (　　　　)

問3　下線部(3), (6), (8), (9)の動詞をそれぞれ適切な形に直しなさい。

　　(3)(　　　　) 　(6)(　　　　) 　(8)(　　　　) 　(9)(　　　　)

問4　下線部(4)を次のように書きかえる時，ほぼ同じ意味になるように，（　　　）に適切な語をそれぞれ1語ずつ入れなさい。

　　he ate nothing at all ＝ he didn't（　　　）（　　　）at all

問5　　A　～　C　に入る最も適切なものを下のア～ウからそれぞれ1つずつ選び，番号で答えなさい。A（　　　）　　B（　　　）　　C（　　　）

　　ア　"Yes, I think I did," Larry said.　　イ　"No, sir," Larry told him.

　　ウ　"Oh, no!" he said. "I lost my wallet!"

問6　下線部(7)が「昼食にハンバーガーを1つ注文した」という意味になるように，（ア）（イ）に適切な語をそれぞれ1語ずつ入れなさい。

　　(ア)(　　　) 　(イ)(　　　)

問7　下線部(10)と(11)をそれぞれ日本語に直しなさい。

　　(10)(　　　　　　　　　　　　　　　　　　　　　　　　　　　　　　)

　　(11)(　　　　　　　　　　　　　　　　　　　　　　　　　　　　　　)

問8　次の日本文が，本文の内容と合っていれば"T"，合っていなければ"F"と書きなさい。

　　1．Larry は小さなレストランに入り，そこで朝食をたっぷり食べた。

　　　　　　　　　　　　　　　　　　　　　　　　　　　　　（　　　　）

　　2．Larry はミシシッピ州のレストランで財布をなくした。（　　　　）

　　3．ミシシッピ州のレストランのオーナーは Larry のお金を拾った。

　　　　　　　　　　　　　　　　　　　　　　　　　　　　　（　　　　）

　　4．Larry はカンザスシティでお金を渡して回った。（　　　　）

3 気候変動問題

● 次の英文を読み，後の問いに答えなさい。①〜④は段落番号を示す。

① Nature is now facing one of its worst crises. We cannot spend a day without watching (1) news on environmental problems. In Japan, there was heavy rain in July 2020. Many people were not able to go outside their houses and were very worried about their lives. In South America, the Upsala Glacier in Argentina is melting. It was covered in ice and snow about 100 years ago. However, the sea temperature has risen since 1928 and it has caused the glacier to melt. Now the area is covered in water. So, what is causing global climate change?

② Climate scientists say that one of the main causes of climate change is (2) deforestation. Forests cover a third of the surface of the earth. Humans and animals need forests for their survival. For example, trees are cut down for materials to build houses. The cutting down of many trees is called deforestation. Deforestation causes damage to animal habitats. The destruction of habitats results in the loss of living space for plants and animals. If humans continue to do this, many plants and animals will die. Deforestation also leads to climate change. Rain forests usually help to control the earth's temperature by trapping CO_2. However, when deforestation takes place in large areas of the rain forest, it cannot do this effectively. This causes global warming.

③ Our changing way of life also makes deforestation more severe. Science has made our lives better and humans now do not live in the mountains and forests as often as in the past. As a result, (3) the number of some animals in the mountains and forests is increasing. This makes deforestation worse. For example, the number of burrowing rodents is now growing. They turn the soil to get their favorite food and discourage the re-growth of forests. The number of deer is increasing too. This is because the deer are able to survive the warmer winters caused by global warming. Deer love to eat fruits, vegetables, and.trees. If more deer continue to eat trees, the number of trees will become fewer.

④　Global temperatures have gone up in the last 100 years. One of the main causes of global warming is human activities. We cut down trees and change our way of life to make it more convenient. These activities lead to serious climate change. If we do not stop these activities, things will get worse. More people and animals will suffer because climate change has (4) serious negative effects on the earth. We must do something before it is too late.

(注)　face ～：～に直面する　　crises：危機
　　　the Upsala Glacier：ウプサラ氷河　　Argentina：アルゼンチン
　　　melt：溶ける　　temperature：温度
　　　cause ～ to …：～が…する原因となる　　climate：気候
　　　surface：表面　　material：材料　　damage：損害　　habitat：生息地
　　　destruction：破壊　　result in ～：～という結果をもたらす
　　　loss：喪失，損失　　space：場所　　lead to ～：～につながる
　　　control ～：～を制御する　　trap：閉じ込める　　take place：起こる
　　　effectively：効率的に　　severe：深刻な　　result：結果
　　　burrowing rodents：(ネズミやリスなどの)げっ歯類
　　　turn the soil：土を掘り返す　　discourage the re-growth：再生をはばむ
　　　deer：鹿　　survive：生き延びる　　vegetable：野菜　　the last：最近の
　　　convenient：便利な　　suffer：苦しむ
　　　have serious negative effects on ～：～に重大な悪影響をおよぼす

問1　下線部(1)の具体例として，本文で取り上げられているものを，次のア～ウの中から1つ選び，記号で答えなさい。（　　　　）

ア　Argentina was covered in water about 100 years ago, but now it is covered in ice and snow.

イ　People in Japan were not able to go out because of the heavy rain in July 2020.

ウ　The sea temperature has increased for about 90 years, and the glacier is getting larger.

問2　下線部(2)の定義として最も適切なものを，次のア～ウの中から1つ選び，記号で答えなさい。（　　　）

ア　To build houses.　　イ　To change the climate.

ウ　To cut down trees.

問3　下線部(3)の原因や，それによって起こる問題として，<u>第③段落で取り上げられていないもの</u>を，次のア～エの中から1つ選び，記号で答えなさい。

（　　　）

ア　Fewer deer will die in winter, because the global temperature is increasing.

イ　More burrowing rodents will turn the soil.

ウ　Rain forests cannot control the earth's temperature.

エ　The number of trees will become fewer.

問4　筆者の伝えたかった事として最も適切なものを，次のア～エの中から1つ選び，記号で答えなさい。（　　　）

ア　Animals cause serious environmental problems.

イ　Human activities are the main cause of global climate change.

ウ　Rain forests are important, because they control the earth's temperature.

エ　The sea temperature has risen up since 1928.

問5　下線部(4)に関して，以下の条件を満たした上で，次の与えられた英文から書き始め，あなたの考えを英語で書きなさい。

I think that ☐ is a serious environmental problem.

【条件】

1．最初の文は，"I think that ☐ is a serious environmental problem." を用いること。その際，あなたが考える<u>地球環境問題</u>を ☐ に英語で書くこと。

2．その地球環境問題の<u>原因</u>を英語で書くこと。

3．解答欄に印刷されている最初の出だし "I think that ☐ is a serious environmental problem." の8語も語数に含め，**20語以上30語以内**の英語で書くこと。

4．本文で取り上げられた **deforestation**，またはそれに関する内容は，条件1，2として<u>利用してはならない</u>。

I think that （　　　　　　　　　　　） is a serious environmental problem.

[

]

4 日本人の正直さ

近道問題

● 次の英文を読み、あとの問いに答えなさい。 (智辯学園高)

If you ask a Western person what they like about Japan, often you will hear the same answer: "It's so [A]." That's not to say that Western countries are very dangerous. But there are small, *annoying things that you have to worry about. Like *stealing.

In many Western countries, you always have to worry about stealing. You shouldn't have a backpack which can easily be opened from behind, or a bag which has no zipper. So it is (ア) for many Westerners coming to Japan for the first time to walk around *with a bag carelessly unzipped. Or a wallet *peeking out of a back pocket. ① You want to see how far you can go before you get into trouble.

② However, many Westerners who come to Japan begin to change their *habits during their stay. Gavin, a Canadian who works for a Japanese company, is an example. "Over the years, I can feel myself becoming more and more careless," he says. For example, when Gavin first came to Japan, he would never leave his *laptop on the table alone at *Starbucks. ③ But now he often does.

"At first I started leaving it just when I went to the *restroom. But now I put my computer bag on the table — to take the seat — and leave it there while I go to the counter to order. I would never leave my computer like that in Canada," Gavin continues. "Canada isn't as [B] as America. But still, you have to (イ) careful. A computer sitting alone like that is just asking to be stolen."

Naturally, Gavin likes the safety level in Japan better. It is very annoying to bring your computer into the restroom with you!

Once, Gavin left his computer bag in his bicycle basket when he went into the supermarket. He said, "I didn't even *notice that I didn't have my bag. Then I went to pay. My wallet was in there, too. So ④ "

Gavin thought that it would be gone. He dropped his basket and went outside. His bag was still there, with both his wallet and computer inside!

This really *impressed Gavin. He thought that this situation was very different from the situation in Starbucks. At Starbucks, there are always other customers sitting nearby. So stealing is difficult. But outside the supermarket, people are always coming and going. So it's easy to walk off with Gavin's bag.

Gavin wondered, "Why has no one （ ウ ） my bag? Is it because Japanese people are really that *honest? Is it because everyone in Tokyo who wants a computer can buy his or her own? Or maybe no one wants a used computer?" He wanted to know just how honest Japanese people really were. He thought of the one thing that was useful to everybody: money.

Gavin decided to use a little bit of his own money for ⑤ an experiment. On a weekend afternoon, he went to Tokyo Station. In one of the *hallways, he "*casually" dropped a 10,000 yen *bill. Then he watched from behind one of the *pillars. Nobody picked up the money. Some people （ エ ） to look at it, but then they （ オ ） on walking. He waited and waited. But still nobody picked up the money.

Finally, a station guard picked up the money and walked over to Gavin. "I know what you are doing. Please take your money and go home," said the station guard sharply to Gavin.

Gavin was very *embarrassed. He put the money in his pocket. With his head low, he went home.

"I see that Japanese people are very honest. I won't question them again!" he thought.

【注】 *annoying：やっかいな　　*stealing：steal-stole-stolen-stealing：盗む
*with ― ～：―を～にして　　*peeking：見えている　　*habits：習慣
*laptop：ノートパソコン
*Starbucks：スターバックス（コーヒーのチェーン店）
*restroom：トイレ　　*notice：気づく　　*impress：感動させる
*honest：正直な　　*hallways：通路　　*casually：何気なく
*bill：札，紙幣　　*pillars：柱　　*embarrassed：気まずい

問1　（　ア　）～（　オ　）にはそれぞれ何が入るか，次の語群から選び，必要に応じて形を変えて答えなさい。

　　(ア)(　　　　　) (イ)(　　　　　) (ウ)(　　　　　) (エ)(　　　　　) (オ)(　　　　　)

　　excite　　stop　　take　　keep　　be

問2　[A]，[B]に入る最も適切なものを，それぞれア～エから1つ選び，記号で答えなさい。A (　　　　) B (　　　　)

A：ア　safe　　イ　polite　　ウ　cool　　エ　beautiful

B：ア　good　　イ　bad　　ウ　big　　エ　small

問3　下線部①の表す意味を次のア～エから1つ選び，記号で答えなさい。

(　　　　)

ア　どうすれば大丈夫なのか知りたい。

イ　どの程度まで大丈夫なのか知りたい。

ウ　どのくらい離れれば大丈夫か知りたい。

エ　どのくらい遠くまで見えるか知りたい。

問4　下線部②，③をそれぞれ日本語に直しなさい。ただし，下線部③については does の表す内容を明らかにして答えなさい。

　　②(　　　　　　　　　　　　　　　) ③(　　　　　　　　　　　　　　　)

問5　　④　で Gavin が言ったと考えられることを，5語程度の英語で答えなさい。

　　So (　　　　　　　　　　　　　　　　　)

問6　次の問いに**日本語**で答えなさい。

What is the difference between the situations in the Starbucks and outside the supermarket?

　　(　　　　　　　　　　　　　　　　　　　　　　　　　　　　)

問7　下線部⑤はどのような実験か，その目的と方法を簡潔に日本語で答えなさい。

　　目的(　　　　　　　　　　　　　　　　　　　　　　　　　　)

　　方法(　　　　　　　　　　　　　　　　　　　　　　　　　　)

問8　次の問いに**英語**で答えなさい。

What did Gavin think about Japanese people after his experiment?

　　(　　　　　　　　　　　　　　　　　　　　　　　　　　　　)

問9　本文の内容と一致しているものを次のア～カから2つ選び，記号で答え

なさい。(　　　)(　　　)

ア　In many Western countries, you have to worry about stealing.

イ　You should have a backpack because it is easy to carry in Western countries.

ウ　Gavin is more careful in Japan than he was in Canada.

エ　Everyone in Tokyo who wants a computer can get a new one.

オ　Gavin left his wallet in his bicycle basket when he went shopping.

カ　As soon as Gavin dropped a bill, a station guard picked it up and gave it back to him.

5 祭りと色

● 次の英文を読み，あとの問いに答えなさい。 （関大第一高）

People have held festivals and *ceremonies for centuries. Sometimes they do this to *celebrate a good thing that （ 1 ） happened. Sometimes they do it as a kind of *prayer to their *gods. At times, they are trying to *frighten away bad *spirits and stop *illnesses. In all cases, there are colors — in paintings, clothes, houses and streets.

In *India, （ 2 ） is everywhere. It's art, it's *fashion, and it's food. A walk through *a spice market ①(make / your / will / senses / fresh). But India is never as *colorful as during Holi.

The Holi festival (ア) begin many centuries ago, and it is enjoyed by *Hindus all over the world. It celebrates the beginning of spring. People have fires in the streets. They burn old wood to make way for new plants.

In most places, the festival continues one day. Many rules are (イ) forget, and people have a lot of fun. They throw *colored *powders and water at each other. Everybody enjoys it together — men and women, young and old, rich and poor.

Another *Hindu *celebration is Diwali, the festival of light. It is held in the fall and celebrates how good wins against bad. It is also a symbol for how humans can find a light inside them.

During this festival, homes are *decorated with colorful paper *lanterns. People also do paintings on the streets. These are usually of natural things, like animals or flowers. And they are drawn with *unbroken lines that stop bad spirits from coming into our world.

China is colorful, too, especially at New Year. A traditional story tells of a *monster, Nian, that used to *attack people in villages, especially young children. One day, the monster was afraid （ 3 ） a child who (ウ) wear a red cloth, and people found that Nian didn't like this color. Now red is a symbol at New Year: people wear new red clothes, they decorate their houses with red lanterns, and they have *fireworks which are covered in red paper.

The Dragon Boat Festival is 2,500 years old. It is a symbol of a Chinese *hero, Qu Yuan. Long ago, this man threw *himself into a river ②(a bad / in / complain / to / government / order / about). People threw food into the river to stop the fish from eating his body. And now they have Dragon boat *races to celebrate this. The boats are colored with a dragon head and a dragon *tail.

In *the Southwestern United States, the Navajo people celebrated a ceremony to help sick people. This ceremony could continue as long as nine days and nights. *A medicine man who was called the Singer made *a sand painting. This painting told a story and used four main colors: white, blue, yellow, and black. Each color was a symbol for one of the four important mountains in the area.

The sick person had to sit on the painting and wait (4) the spirits that were called during the ceremony. People believed that the painting was a kind of *path. Humans could communicate with the gods through this path. During the ceremony, the Singer (エ)sing and *prayed.

Then the Singer had to destroy the painting before the sun came up on the last day, or bad things would happen to the sick person and the Singer.

Maybe one of the reddest and funniest festivals is *La Tomatina*. It is held in *Buñol, Spain, at the end of August. The festival is a week long and people enjoy music, dancing, and fireworks. It is full of color all the way through, but at the end, on the last Wednesday in August, things get even more colorful. On this day, there is a big *tomato fight. About 30,000 people fill the main street of the town and throw tomatoes at each other. Sound like fun? Well maybe, but it depends (5) how *messy you like to be!

(注) *ceremony 祭式 *celebrate 祝う・執り行う *prayer 祈り
*god 神 *frighten away 驚かして追い払う *spirit 魂
*illness 病気 *India インド *fashion ファッション
*a spice market 香辛料市場 *colorful 色鮮やかな

*Hindus　ヒンドゥー教徒　　*colored　色のついた　　*powder　粉

*Hindu　ヒンドゥー教　　*celebration　祝祭・儀式

*decorate　装飾をする　　*lantern　ちょうちん

*unbroken lines　途切れることがない線　　*monster　モンスター

*attack　攻撃する　　*firework　花火　　*hero　英雄

*himself　彼自身　　*race　競争　　*tail　尾

*the Southwestern United States　米国南西部

*a medicine man　まじない師　　*a sand painting　砂絵　　*path　道

*pray　祈る　　*Buñol, Spain　スペインのブニョール

*tomato　トマト　　*messy　汚れた

問1　（ 1 ）～（ 5 ）に入れるのに適切な語を以下から選び，それぞれ記号で答えなさい。

　　(1)(　　　)　(2)(　　　)　(3)(　　　)　(4)(　　　)　(5)(　　　)

（ 1 ）　ア　is　　イ　are　　ウ　was　　エ　has

（ 2 ）　ア　love　　イ　color　　ウ　money　　エ　light

（ 3 ）　ア　of　　イ　in　　ウ　on　　エ　for

（ 4 ）　ア　of　　イ　in　　ウ　on　　エ　for

（ 5 ）　ア　of　　イ　in　　ウ　on　　エ　for

問2　下線部①②の（　　　）内の語句を並べ替え，文脈に合う英文を完成させなさい。

　　① A walk through a spice market （　　　　　　　　　　　　　　　　）.

　　②～ a river （　　　　　　　　　　　　　　　　　　　　　　　）.

問3　下線部(ア)～(エ)を適切な形に書き換えなさい。ただし，書き換える必要がないときは，そのまま書くこと。

　　(ア)(　　　　)　(イ)(　　　　)　(ウ)(　　　　)　(エ)(　　　　)

問4　この文章の内容を以下のように説明する場合，（　　　）内に入る表現を指定された語数で本文の中から抜き出しなさい。

　　1 (　　　) (　　　) (　　　) (　　　)　2 (　　　) (　　　)

　　3 (　　　) (　　　) (　　　)　4 (　　　) (　　　)

1．According to the old story, China is now full of red at New Year because Nian （4語）.

2．The Navajo people asked the Singer to make a sand painting and pray to help（2語）.

3．The Singer（3語）the sand painting before the night ended.

4．*La Tomatina* is one of the reddest festivals because people（2語）at each other.

問5　次の説明に当てはまる祝祭・儀式の名前を選び，それぞれ記号で答えなさい。

1．春の訪れを祝うお祭り（　　　）

2．悪政に立ち向かった英雄をたたえるお祭り（　　　）

3．ヒンドゥー教の光のお祭り（　　　）

　　ア　the Dragon Boat Festival　　イ　*La Tomatina*

　　ウ　the Holi festival　　エ　Diwali　　オ　Chinese New Year

6 テムズ川のボートレース 近道問題

● 各問いに答えなさい。 (長野県)

次の英文は，健（Ken）が，ロンドンに住む友人のジョンに向けて送った E メールの一部である。

This is an interesting *article about *the Boat Race. I became interested in it. If you know more about it, please send me an e-mail.

〔Article 1〕

The Boat Race was held on *the River Thames in London on April 7, 2019. It is a race between teams from *Oxford and Cambridge Universities. Only the students of those universities can join the Race. The event is known as an *amateur sport because they do not receive any prize money. Cambridge won the Races for both men and *women in 2019. The Race has a long history. It started in 1829 for men, and in 1927 for women. The events were sometimes stopped, but they are usually held in spring every year. When people see the Race, many of them think that spring has come.

---

*(注)　article　記事

the Boat Race　オックスフォード大学とケンブリッジ大学の対抗ボートレース

the River Thames　テムズ川

Oxford and Cambridge Universities　オックスフォード大学とケンブリッジ大学

amateur　アマチュア　　women ← woman　女性

問1　健の E メールについて，次の(a), (b)の質問の答えとして最も適切な英文を，下のア〜エからそれぞれ1つ選び，記号を書きなさい。

(a)　Why did Ken write this e-mail? (　　　)

　ア　To get prize money for the spring event.

　イ　To learn more about the spring event.

ウ　To hold the Boat Race for 2019 in London.

エ　To win the Boat Race for 2019 in London.

(b)　What did Ken learn about the Boat Race?（　　　）

ア　The Boat Race for men and women started in the same year.

イ　The Boat Race between Oxford and Cambridge Universities has not stopped since 1829.

ウ　The members of the Boat Race must be students of one of the two universities.

エ　In 2019, Cambridge won the Race for men, and Oxford won the Race for women.

後日，ジョンから E メールで，次のような記事が送られてきた。

This is a good article to know about the Boat Race. Please read it.

〔Article 2〕

The rules are easy. For example, each team from both universities has nine members. One of them is a *cox. He or she gives the *directions. The other eight members *row the team's boat for about seven *kilometers on the River Thames. Each of them holds one *oar with both hands. The team that finishes faster than the other wins the Race. The Race is held even in bad weather.

To win the Boat Race, members *train hard, but having strong legs and arms is not enough. Good directions from the cox and *teamwork are also necessary. Only the cox can see the front. The other eight members look at, listen to, and follow the cox. Working together is very important.

The Race is very popular. Every spring about 250,000 people come to see the Race, and many other people watch it on TV. Why is the Race so popular? People respect the members because they do not receive any prize money for the Race. There is another reason. They train well and study very hard. They usually get up very early

---

in the morning, practice, and have classes at their universities.

*（注）　cox　コックス（役割名）　　　direction(s)　指示　　row　こぐ

　　　　kilometer(s)　キロメートル　　　oar　オール

　　　　train　トレーニングをする　　　teamwork　チームワーク

問2　ボートの乗り方について，Article 2で書かれている内容を最も適切に表している絵を，次のア〜エから1つ選び，記号を書きなさい。（　　　）

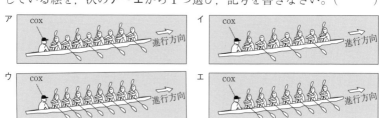

問3　健はArticle 1とArticle 2を使って，英語の授業でボートレースについて，発表をすることにした。発表の始めに話の流れを示すスライドとして最も適切なものを，次のア〜エから1つ選び，記号を書きなさい。ただし，Article 1の次にArticle 2を使い，それぞれの記事の内容の順番は変えないこととする。（　　　）

ア

The Boat Race in London
1. The history of the River Thames
2. The rules of the two universities
3. Necessary things to win the Race
4. The Race as a popular spring event

イ

The Boat Race in London
1. The history of the two universities
2. The rules of the Race
3. Necessary things for watching the Race
4. Popular newspapers in London

ウ

The Boat Race in London
1. The Race for 2019 and its history
2. The rules of the two universities
3. Necessary things for watching the Race
4. Popular places in London

エ

The Boat Race in London
1. The Race for 2019 and its history
2. The rules of the Race
3. Necessary things to win the Race
4. The Race as a popular spring event

問4　たかし（Takashi）と沙紀（Saki）は，健の発表を聞いて，次のように会話をした。

> *Takashi:*　I didn't know that they usually have the Boat Race every spring. I understand that the teams need to have three things to win the Race. They are ①（　　）（　　）（　　）（　　）, good directions from the cox, and teamwork.

Saki:　　That's true. I was also surprised to know that the Race is very popular. There are two reasons for that. First, the members do not get any money. Second, they train a lot for the Race and ②(　　) (　　) (　　) at their universities. I am happy to learn about this famous spring event in London.

(a)　下線部①の（　　）に当てはまる最も適切な英語を連続する4語で，下線部②の（　　）に当てはまる最も適切な英語を連続する3語で，Article 2の中からそれぞれ抜き出して書きなさい。

①(　　) (　　) (　　) (　　)　②(　　) (　　) (　　)

(b)　この会話の後，次のように沙紀からたずねられた。沙紀の質問に対するあなたの考えが伝わるように，語の順番や使い方に注意して，10語以上の正確な英語で書きなさい。ただし，英文の数は問わないが，たかしや沙紀が述べた英文を1文そのまま引用しないこと。なお，コンマ，ピリオドなどの符号は語数に含めない。短縮形は1語と数えること。

(　　　　　　　　　　　　　　　　　　　　　　　　　　)

Saki:　　"What do you think about the two articles?"

7 奇跡のピアノ

● 次の Mrs. Eisenberg（アイゼンバーグ）と Mrs. Patrick（パトリック）に関する英文を読んで，後の問いに答えなさい。ただし，＊印の語(句)は脚注があることを示しています。 　　　　　　　　　　　　　　　　　　　　　　　　（筑陽学園高）

　　Ruth Eisenberg and Margaret Patrick played the piano together for several years. They gave concerts in the United States and in Canada, and they were often on TV. They were famous.

　　Why were they famous? Of course, they played the piano well, （　1　） that was not the main reason. Mrs. Eisenberg played the piano with only her right hand, and Mrs. Patrick played the piano with only her left hand. That made them famous. They sat next to each other and played the piano together. Mrs. Eisenberg played one part of the music, and Mrs. Patrick played the other part.

　　However, when they were younger, they played with two hands. Mrs. Patrick was a piano teacher. She taught hundreds of students. She taught her own children, too. Then, when she was 69 years old, Mrs. Patrick had a ＊stroke. She couldn't move or speak. Little by little she got better, but her right side was still very weak. She gave up playing the piano and didn't want to look at the piano ＊anymore. She was very sad.

　　Playing the piano was Mrs. Eisenberg's hobby. She often played five or six hours a day. Then, when she was 80 years old, she had a stroke, too. She couldn't move the left side of her body, （　2　） she gave up playing and didn't want to look at the piano anymore. She was very sad.

　　A few months after her stroke, Mrs. Eisenberg went to a ＊senior citizens' center. At the center, there were a lot of activities such as paintings, card games and so on. Mrs. Eisenberg tried to keep away from the piano through such activities.

　　At that time, Mrs. Patrick wanted to try something new. A few weeks later, she went to the same center for the first time. When the ＊director was showing her around the center, Mrs. Patrick saw a piano. She looked at the piano sadly. "Is anything wrong?" the director asked. "No," Mrs. Patrick answered. "The piano brings back (3)<u>memories</u>. Before my stroke, I played the piano." The director looked at Mrs. Patrick's right hand and said, "Wait here. I'll be back soon." A few minutes later, the director came back with Mrs. Eisenberg. "Margaret Patrick," the director said. "This is Ruth Eisenberg. Before her stroke, she played the piano, too. She can use her right hand, and you can use your left hand. I think (4)<u>you two can do something wonderful together</u>."

"Do you know *Chopin's Waltz in D flat?" Mrs. Eisenberg asked Mrs. Patrick. "Yes," Mrs. Patrick answered. The two women sat down at the piano and began to play it. Mrs. Eisenberg used only her right hand, and Mrs. Patrick used only her left hand. The music sounded good. The women found that they loved the same kind of music. Together they began to play the music they loved. They were not (5) anymore.

Mrs. Patrick said, "(6)<u>Sometimes God closes a door and then opens a window</u>. I lost my music, but I found Ruth. Now I have my music again. I have my friend Ruth, too."

注) stroke：脳卒中　　anymore：（否定語を伴って）もはや～ない

senior citizens' center：高齢者向けの交流施設

director：（高齢者施設の）所長

Chopin's Waltz in D flat：ショパンのワルツ第 6 番

問1　（ 1 ），（ 2 ）に入れるのに最も適当なものを，次のア～オからそれぞれ 1 つずつ選び，記号で答えなさい。1（　　　）　2（　　　）

ア　because　　イ　but　　ウ　or　　エ　so　　オ　though

問2　下線部(3)memories が指すものの 1 つとして最も適当なものを，次のア～エから 1 つ選び，記号で答えなさい。（　　　）

ア　テレビに出演したこと

イ　アイゼンバーグと一緒にピアノを弾いたこと

ウ　ピアノを教えていたこと

エ　アメリカやカナダでピアノコンサートを開いたこと

問3　下線部(4)は具体的に何をすることを指しているのか，以下のキーワードを全て使って，50字程度の日本語で説明しなさい。

アイゼンバーグ，パトリック，右手，左手

問4　（　5　）に入れるのに最も適当な語を，本文中から1語で抜き出しなさい。

（　　　　）

問5　下線部(6)の言葉をパトリックの経験に重ねると，① closes a door, ② opens a window は彼女のどのような経験を指しているのか，次の**ア〜カ**からそれぞれ1つずつ選び，記号で答えなさい。①(　　　) ②(　　　)

ア　ピアノの先生として多くの生徒を教えたこと

イ　たくさんピアノの練習をしたこと

ウ　脳卒中のせいで右手でピアノが弾けなくなったこと

エ　右手が徐々に回復していること

オ　高齢者施設で多くの活動をしたこと

カ　アイゼンバーグに出会えたこと

問6　本文の内容と一致するものを，次の**ア〜ケ**から3つ選び，番号で答えなさい。ただし，解答の順序は問いません。(　　　)(　　　)(　　　)

ア　Mrs. Eisenberg and Mrs. Patrick have played the piano together since they were children.

イ　Mrs. Eisenberg played one part of the music, and Mrs. Patrick also played the same part.

ウ　When Mrs. Patrick had a stroke, Mrs. Eisenberg helped her at the senior citizens' center.

エ　Mrs. Eisenberg hoped to play the piano with both her hands again in the future.

オ　Mrs. Eisenberg and Mrs. Patrick went to the same senior citizens' center.

カ　Thanks to the director, Mrs. Patrick was able to meet Mrs. Eisenberg.

キ　Mrs. Eisenberg and Mrs. Patrick were good friends, so both of them knew Chopin's Waltz in D flat.

ク　Mrs. Eisenberg and Mrs. Patrick didn't play the piano well at first, but their music got better.

ケ　Mrs. Patrick was able to enjoy her music again, and had a new friend, too.

8 日本とペルーのかけ橋 近道問題

● 次の英文を読んで、各問いに答えなさい。 （奈良県）

Otama Village is a beautiful village in Fukushima Prefecture. It is the first friendship city of Machu Picchu Village in Peru. Machu Picchu Village is famous for its World Heritage Site, and many people visit it every year. Why has Otama Village become a friendship city of Machu Picchu Village?

マチュピチュ
（Machu Picchu）

One Japanese man linked the two villages. His name was Nouchi Yokichi. He was born in 1895 in Otama Village. His parents were farmers, and he had many brothers and sisters. When he was 21 years old, he decided to go to Peru as an immigrant though his parents did not want him to go. He wanted to succeed in a foreign country. He left Japan alone in 1917.

野内　与吉
（Nouchi Yokichi）

After arriving in Peru, Yokichi worked on a farm. The work on the farm was too hard to continue. He gave up the job and traveled around to look for another job. He changed jobs several times. When he was 28, he started to work at a national railway company in Peru. At that time, the company had a plan to build a long railroad to carry coffee beans. He stayed in a village at the foot of Machu Picchu and worked to build the railroad. There was a lot of nature around the village. He liked the village and decided to live there.

However, the life in the village was not easy. The villagers had to walk a long way to get water. Also, they did not have electricity. Yokichi built a waterway with the villagers to carry water into the village. After that, they could get water more easily. The villagers did not know much about electricity, so he taught them about it. He built a small hydroelectric power plant with them. The villagers began to respect him.

Before coming to the village, Yokichi worked only for himself, but his experiences in the village changed him. He felt happy when he worked for the villagers. He thought, "The village will develop if more people visit the village." He built a hotel in the village in 1935 when he was 40. This hotel was not only for visitors but also for the villagers. It had a post office and a police station in it. The hotel became a very important place for the villagers. He always thought of the village and the villagers. He was no longer just an immigrant from Japan. The life in the village was improved thanks to him. He was an indispensable person for the village.

The Pacific War began in 1941. In Peru, the military police started to arrest Japanese people. Soon, the military police came to the village to look for them. All the villagers said to the police, "There are no Japanese people in this village." Yokichi and his family were saved by the villagers. After the war, he became the first mayor of the village when he was 53.

Yokichi went back to Otama Village for the first time when he was 73. He introduced Machu Picchu Village to the people during his stay. His family in Japan asked him to stay in Japan, but he returned to Peru in the next year. He did not go back to Otama Village again. His life ended in 1969.

Machu Picchu became a World Heritage Site in 1983. Machu Picchu Village was asked to be a friendship city by many cities around the world, but the village chose Otama Village as its first friendship city. This was because of Yokichi's great achievement. His achievement still links Japan and Peru together.

(注)　Otama Village：大玉村　　friendship city：友好都市　　Peru：ペルー
　　　link：つなげる　　immigrant：移民　　succeed：成功する　　farm：農場
　　　railway：鉄道　　railroad：線路　　foot：ふもと　　villager：村人
　　　waterway：水路　　hydroelectric power plant：水力発電所
　　　himself：彼自身　　develop：発展する　　thanks to：～のおかげで
　　　Pacific War：太平洋戦争　　military police：軍警察　　mayor：村長
　　　introduce：紹介する　　achievement：功績

問1　野内与吉に関する出来事について述べた次のア～オを，起こった順に並べかえて記号で書きなさい。（　　　→　　　→　　　→　　　→　　　）

ア　Yokichi built a hotel in the village for both the visitors and the villagers.

イ　Yokichi went back to Otama Village from Peru.

ウ　Yokichi became the first mayor of Machu Picchu Village.

エ　Yokichi built a waterway to carry water into the village.

オ　Yokichi started to work at a national railway company.

問2　英文の内容について，次の問いにそれぞれ3語以上の英語で答えなさい。ただし，コンマやピリオドなどは語数に含めないこと。

(a)　Did Yokichi's parents want him to go to Peru when he was 21 years old?

（　　　　　　　　　　　　　　　　　　　　　　　　　　　　）

(b)　How many times did Yokichi go back to Otama Village from Peru?

（　　　　　　　　　　　　　　　　　　　　　　　　　　　　）

問3　英文の内容から判断して，下線部の意味に最も近い語を，次のア～エから1つ選び，その記号を書きなさい。（　　　　）

ア　international　　イ　nervous　　ウ　important　　エ　terrible

問4　英文の内容と合っているものを，次のア～カから2つ選び，その記号を書きなさい。（　　　）（　　　）

ア　The work on the farm in Peru was so hard that Yokichi could not continue it.

イ　Yokichi started to grow coffee beans in Peru when he was 28 years old.

ウ　The villagers respected Yokichi because he built a farm in the village.

エ　Yokichi built a post office and a police station in the village before building a hotel.

オ　Yokichi and his family saved the villagers' lives during the Pacific War.

カ　Thanks to Yokichi, Otama Village has become a friendship city of Machu Picchu Village.

問5　次の会話は，英文を読んだ後に Mr. Brown と Haruko が話した内容です。あなたが Haruko なら，Mr. Brown の質問にどのように答えますか。　　　　　に入る英語を20語程度で書きなさい。ただし，1文または2文で書

き，コンマやピリオドなどは語数に含めないこと。

```
(                                                          )
```

Mr. Brown: Yokichi went to Peru alone and worked for the people there. It was great.

Haruko: He made the villagers happy through his efforts.

Mr. Brown: Right. What do you want to do to make people around you happy, Haruko?

Haruko: [   ]

9　プラスチック公害と海　近道問題

● 次の英文を読み，後の問いに答えなさい。　　　　　　　（京都産業大附高）

　　When plastic was first sold over a century ago, it was *advertised as "The *Material of a Thousand Uses."

　　That is true. Today, many *products are made of plastic because it not only *lasts long [A] is also cheap and useful. If you look around, you will see many kinds of plastic things. Some of your clothes are made of plastic. Your phone in your pocket is *mostly plastic. A lot of food and drinks usually come in plastic bags or bottles.

　　The world has made more than nine billion tons of plastic since the 1950s and we just keep making more. In fact, in 2018 almost 400 million *tons of new plastic was *produced and a new research shows that *production *is expected to *increase to four times as much by 2050.

　　Just one and a half century ago, there was [B] plastic. Now it is everywhere; it is in the ocean, on every beach, and the winds carry it on city streets, parks, trees, fences, fields. This is a serious problem for the *ecosystem. We often hear that plastic *harms animals, especially sea animals. Many whales, seabirds, and sea turtles have *washed ashore. Their *stomachs were filled with plastic.

　　Plastic lasts for hundreds of years and when it *breaks down, it becomes microplastics — *tiny pieces of plastic — and they spread across the planet. Some research now shows that these microplastics are in our food, *drinking water, the air, and, of course, inside our bodies. Tom Udall, an American politician who has worked to stop plastic pollution, once showed a *credit card and said, "Look at this card here. This is how much plastic you are taking in your body every week through the air, water and food." Some scientists also say that the *average person eats and drinks about five grams of plastic every week. One research paper in 2019 said that the average American eats, drinks, and *breathes in more than 74,000 pieces of microplastics every year.

Taking these ① <u>small pieces of plastic</u> into our body is not good for our health. "② <u>There cannot be no *effect</u>," says Dr. Pete Myers, an *adjunct professor of *chemistry at Carnegie Mellon University in Pittsburgh.

We may think it is best to stop making plastic *completely to fight plastic pollution. It is difficult, however, to ③ <u>do so</u> because plastic is so common in our everyday life. We have to find other ways to *solve this problem. *As part of the movement to reduce plastic pollution, more and more fast food restaurants have stopped using plastic cups, straws, spoons. They now use paper ones. Starbucks is trying to stop the use of plastic straws at all its stores. In many convenience stores and supermarkets in Japan, people now have to pay for a plastic shopping bag if they need it.

Each of us has to do something to stop plastic pollution. Here are some really easy ways to reduce the pollution.

1. Bring your own *reusable bag with you when you go shopping.
2. Bring your own cup with you to the coffee shop.
3. Download your music instead of buying CDs.
4. Do not use plastic products. Use paper or other reusable items.
5. Do not buy *in single serving packaging. Buy *in bulk and share with friends instead.

The important thing to remember is that each of us is a supporter of our planet Earth.

注) advertise　〜を宣伝する　　material　素材　　product　製品
last long　長持ちする　　mostly　大部分　　ton　トン（重さを表す単位）
produce　〜を生産する　　production　生産
be expected to　〜すると見込まれている　　increase　増える
ecosystem　生態系　　harm　〜を傷つける　　wash a shore　漂着する
stomach　お腹　　break down　分解される　　tiny　小さな
drinking water　飲料水　　credit card　クレジットカード
average　平均的な　　breathe in　〜を吸い込む　　effect　影響
adjunct professor　兼任教授　　chemistry　化学　　completely　完全に
solve　〜を解決する　　as part of　〜の一環として
reusable　再利用可能な　　in single serving packaging　個別包装で

　　　in bulk　（まとめて）大量に

問1　［ A ］［ B ］に入れるのに最も適切な語をそれぞれア〜エから選び，
記号で答えなさい。A（　　　）　B（　　　）

A　ア　and　　イ　or　　ウ　if　　エ　but

B　ア　no　　イ　few　　ウ　much　　エ　any

問2　下線部①が具体的に表している1語を文中から抜き出しなさい。

（　　　　）

問3　下線部②とほぼ同じ内容を表しているものをア〜エから選び，記号で答
えなさい。（　　　）

ア　Plastic gives us a lot of chances to make our health better.

イ　We cannot say that plastic is not good for our body.

ウ　It may be wrong to think that plastic is not bad for our health.

エ　All of us know what a wonderful material plastic is.

問4　下線部③の表す具体的な内容を文中から4語で抜き出しなさい。

（　　　　　　　　　）

問5　本文の内容に合うようにそれぞれの空所に入れるのに最も適切なものを
ア〜エから選び，記号で答えなさい。

(a)　A study says that we will produce about （　　　） tons of plastic in
2050.

ア　1.6 million　　イ　16 million　　ウ　1.6 billion

エ　16 billion

(b)　More and more fast food restaurants are now using （　　　） cups
instead of plastic ones.

ア　no　　イ　paper　　ウ　rubber　　エ　microplastic

(c)　In many convenience stores and supermarkets in Japan, if you need
a plastic shopping bag you have to （　　　） one.

ア　buy　　イ　pay　　ウ　spend　　エ　ask

問6　本文の内容に合うものをア〜オから2つ選び，記号で答えなさい。ただ
し，解答の順序は問わない。（　　　）（　　　）

ア　We should stop making all plastic products to reduce plastic pollu-
tion.

イ　All of us can do something to reduce plastic pollution in our everyday lives.

ウ　Downloading music is better than buying CDs because it is cheaper.

エ　We have produced over nine billion tons of plastic every year since the 1950s.

オ　You can say that a plastic credit card is about five grams.

10 企業名とその影響　近道問題

● 次の英文を読んで、後の問いに答えなさい。　(近大附高)

What is a six-letter word that comes to mind first when you need some information [X] the Internet? Maybe you thought of Google. But Google wasn't always the name of the famous *search engine. (A), the original name was BackRub!

BackRub was the name two graduate students gave to the new search engine they developed in 1996. They called it BackRub because the engine used *backlinks to find out the *popularity of Web sites. Later, they wanted (1)a name which is superior — a name that shows a large amount of data. They thought of the word *googol*. (A googol is a number followed by 100 zeros.) When they checked company names to see if *googol* was already (あ)[take], one of the students misspelled the word by mistake, and that's how (B).

Google is just one example of a name change in the business world. Many other companies have decided to change their names or the names of their *products. Their reasons are usually (C), but the goal is always the same: to find (2)a name that is special, easy to say, and easy to remember.

Here are some examples:

Jerry Yang and David Filo, two young computer specialists, developed a guide to Internet information in 1994. They called it "Jerry and David's Guide to the World Wide Web." But they soon realized that this wasn't a very catchy name, so they used a dictionary and (い)[find] a better one: "Yahoo."

Sometimes companies change their names because [Y] the popularity of one of their products. (D) Xerox has been a well-known name in offices and schools [Z] many years, but the company wasn't always called Xerox. The original name was the Haloid Company. In 1947, the company developed a machine (う)[use] a technique known as xerography. The machines became known so well (E) Haloid decided to change its name to Xerox in 1961.

(3)A similar situation happened in the world of sportswear. In 1962, a young runner named Phil Knight started a company called Blue Ribbon Sports. He wanted to bring Japanese running shoes, called Tigers, to the United States. In 1971, Knight decided to design and make his own brand of shoes. He named the shoes after the Greek *goddess of victory — Nike. Nike shoes became so famous and Knight changed the name of the whole company to Nike.

Name changes in business go back many years. Think about "Brad's Drink." This was the name of a soft drink made by Caleb Bradham, in 1893. Bradham discovered a new way to make a sweet, delicious cola drink. (4)He decided that a better name would help sell the product all over the world. (5)[ア and his company / イ he / ウ both / エ Pepsi-Cola / オ the drink / カ called]. Some people believe that this was named after two things in the drink — pepsin and cola nuts. Today Pepsi-Cola is a popular soft drink, and (6)the name used now by the company, PepsiCo, is famous around the world.

注) *search engine 検索エンジン *backlink リンク
*popularity 人気 *product 商品
*goddess of victory 勝利の女神

問1 文中の空所[X]～[Z]に入る最も適切な語を，次のア～エから一つずつ選んで，記号で答えなさい。X ( ) Y ( ) Z ( )
ア for イ on ウ in エ of

問2 文中の空所 (A) に入る最も適切な語句を，次のア～エから一つ選んで，記号で答えなさい。( )
ア At last イ For example ウ After all エ In fact

問3 下線部(1)とほぼ同じ意味を表す語句を，次のア～エから一つ選んで，記号で答えなさい。( )
ア a better name イ a more name ウ a lot of names
エ a few names

問4 下線部(あ)～(う)の語を，それぞれ適切な形に直しなさい。

　　　あ（　　　　）　い（　　　　）　う（　　　　）

問5　文中の空所（ B ）に入る最も適切なものを，次のア～エから一つ選ん
　　で，記号で答えなさい。（　　　　）

　ア　many students used Google

　イ　many people remembered Google

　ウ　Google was born

　エ　*Googol* became well-known

問6　文中の空所（ C ）に入る最も適切な語を，次のア～エから一つ選んで，
　　記号で答えなさい。（　　　　）

　ア　easy　　イ　different　　ウ　great　　エ　difficult

問7　下線部(2)とほぼ同じ意味で使われている表現を本文中より抜き出し，
　　四語の英語で答えなさい。（　　　）（　　　）（　　　）（　　　）

問8　文中の空所（ D ）に入る最も適切なものを，次のア～エから一つ選ん
　　で，記号で答えなさい。（　　　　）

　ア　The Xerox Corporation has another reason.

　イ　The Xerox Corporation was not famous.

　ウ　The Xerox Corporation was a bad name.

　エ　The Xerox Corporation is a good example.

問9　文中の空所（ E ）に入る最も適切な語を，次のア～エから一つ選んで，
　　記号で答えなさい。（　　　　）

　ア　as　　イ　to　　ウ　that　　エ　because

問10　下線部(3)の内容として最も適切なものを，次のア～エから一つ選んで，
　　記号で答えなさい。（　　　　）

　ア　製品がよく売れるように新しい技術を開発すること。

　イ　企業の名前を商品名に変えること。

　ウ　企業の名前が商品名として使われて，有名になること。

　エ　よく売れるような新しい商品を開発すること。

問11　下線部(4)の意味として最も適切なものを，次のア～エから一つ選んで，
　　記号で答えなさい。（　　　　）

　ア　彼はもっと良い名前にすれば商品が世界中で売れるだろうと考えた。

　イ　彼は世界中で売れている商品の名前が新しい商品の開発の手助けになる
　　と考えた。

ウ　彼は世界中の商品にもっと良い名前をつけて売ろうと考えた。

エ　彼は世界中で売れている商品をもっと良い名前にしようと考えた。

問12　下線部(5)が「彼はその飲み物と彼の会社の両方をペプシ・コーラと呼んだ。」という意味を表すように［　　　］内の語句を並べかえて英文を完成させるとき，①と②に入るものを記号で答えなさい。ただし，<u>文頭に来るべきものも小文字で示しています</u>。

　　　____ ____ ①____ ____ ②____ ____.

問13　下線部(6)と反対の意味で使われている表現を本文中より抜き出し，<u>三語の英語で答えなさい</u>。（　　　　）（　　　　）（　　　　）

問14　新しく使われるようになった企業名を，次のア～エから一つ選んで，記号で答えなさい。（　　　）

　　ア　BackRub　　　イ　Xerox　　　ウ　Brad's Drink

　　エ　Haloid Company

問15　本文の内容と合っているものを，次のア～カから二つ選んで，記号で答えなさい。（　　　）（　　　）

　　ア　We have seen name changes in business for a long time.

　　イ　All companies had good or memorable names before.

　　ウ　A good brand name always comes from its products.

　　エ　The words Google and Yahoo were found in a dictionary.

　　オ　The name BackRub was well-known in offices and schools.

　　カ　The name of Google was produced because a student made a spelling mistake.

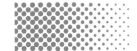

解答・解説
近道問題

1．ペットを救う基金

問1 (1) running　(2) pushing　(5) fell　問2 イ　問3 1．○　2．○　3．×　4．○　問4 ① 飼い主である家族がチャーリーの手術の費用を払えなかった（27字）　② 保護施設に連れていかれた（12字）（それぞれ同意可）　問5 エ　問6 ウ

◇ 解説 ◇

問1　ちかみち参照。(1) 過去進行形〈was/were ＋〜ing〉の文。n が重なることに注意する。(2) by 〜ing＝「〜することによって」。(5) 同文の後半に decided とあることから，過去の文。fall の過去形は fell。問2　be sure 〜＝「〜であると確信する」。チャーリーがけがをした場面なので，イの「チャーリーが子どもたちを救った」が適切。問3 1．「2 人の強盗がチャーリーの家に押し入り，逃げた」。第 1 段落を見る。正しい。2．「チャーリーと他の 2 匹のイヌは 2 人の強盗を追いかけた」。第 1 段落の 2・3 文目を見る。正しい。3．第 2 段落を見る。すべてのイヌではなく，チャーリーだけがけがをした。4．「チャーリーはけがをし，他のイヌの 1 匹が彼女を救おうとした」。第 2 段落の 1・2 文目を見る。正しい。問4　家族全員が泣いてチャーリーに別れを告げた理由は，直前の文の because 以下に書かれている。pay for 〜＝「〜の費用を払う」。問5　チャーリーを救うためにクラウドファンディングのページが作られた場面。「彼らの『目標』は 4,000 ドルを集めることだった」。問6　質問は「8,000 ドルはどのように使われるでしょうか？」。最後の 2 段落を見る。チャーリーが手術を受け，余ったお金は他のペットやその飼い主を支援するために使われる。

\CHIKAMICHI /
⬆ ちかみち

語形変化の問題では時制をはじめ，動名詞，受動態，分詞などの文法事項が問われる。

◆動名詞（〜すること）
　・like 〜 ing＝「〜することが好きだ」。　・before 〜 ing＝「〜する前に」。

◆受動態（〜される／〜されている）
　・be written by 〜＝「〜によって書かれる」。
　・be known to 〜＝「〜に知られている」。

◆分詞
　現在分詞…「〜している」という意味で，名詞を修飾する。
　　・the baby sleeping in the bed＝「ベッドで寝ている赤ちゃん」。
　過去分詞…「〜された」という意味で，名詞を修飾する。
　　・the cake made by my mother＝「母によって作られたケーキ」。

◀**全訳**▶イヌのチャーリーは，彼女の飼い主と他の2匹のイヌといっしょにロサンゼルスの家にいました。2人の強盗が押し入った時，彼女はソファーの上にいました。3匹のイヌはみな男たちを追い，そして子どもたちが後に続き，イヌたちを救おうとしました。男たちが逃げていた時，彼らの1人が数回発砲しました。

2発がチャーリーにあたり，彼女の前後の右脚を傷つけました。子どもたちが叫んだ時，他のイヌの1匹が彼女を家の中に押し戻すことでチャーリーを助けようとしました。母親はチャーリーが子どもたちを救ったのだと確信しました。

警察が到着した後，飼い主が彼女の手術の費用を払えなかったので，チャーリーは保護施設に連れていかれました。家族みんなが泣いて，さようならを言いました。

保護施設の職員たちはチャーリーが大好きになり，彼らの1人が北中央保護施設の介入プログラムと連絡を取ることにしました。このプログラムは，飼い主がペットのための治療にお金を払えない場合に，彼らを助けます。そのプログラムは，チャーリーが治療を受けて家族のところにもどれるように，クラウドファンディングのページを作りました。

彼らの目標は4,000ドルを集めることでした。ページ上のメッセージには「私たちは彼女に治療を受けさせるための基金を集めたいと思っています。また，私たちは彼女に家にもどり，再び家族と暮らしてほしいのです！　彼女はとても，とても彼らを恋しがっています」と書いてありました。

多くの人が反応し，チャーリーは手術を受けました。彼女はまた，自分の家にもどりました。家族はチャーリーが元気で，家族と幸せな生活を送っていると言っています。

そして彼女のために作られたページは？　それは8,000ドル以上──彼女の手術の費用以上の金額を集めました。余ったお金のすべては，将来他のペットや彼らの愛すべき飼い主を支援するため，北中央保護施設の介入プログラムに届けられる予定です。

2．人助けの趣味

問1（1）from city to city and looked for　（5）there was no money in it　**問2** X．out　Y．of　**問3**（3）slept　（6）stood　（8）brought　（9）felt　**問4** eat, anything　**問5** A．ウ　B．ア　C．イ　**問6**（ア）ordered　（イ）for　**問7**（10）彼はミシシッピ州のレストランに戻り，オーナーに 10000 ドルが入った封筒を渡した。（11）私たちはお互いに助け合うためにこの地球にいるのだ。**問8** 1．T　2．F　3．F　4．T

▷ **解説** ◁

問1 ちかみち参照。(1)「何週間も，彼は都市から都市へと車を走らせ，仕事を探した」。「～から…まで」＝ from ～ to …。「～を探す」＝ look for ～。(5)「ラリーの財布は彼の車の中にあったが，その中にお金はまったくなかった」。「～があった」＝ there was ～。「少しの～もない」＝ no ～。**問2** 「～を使い果たす，～を切らす」＝ run out of ～。**問3** (3)「彼はホテルの部屋にお金を支払うことができなかったので，車の中で眠った」。過去形に

なる。(6)「立ち上がったとき，彼は手の中に 20 ドル札を持っていた」。過去形になる。(8)「ウエイトレスが勘定書を持ってきたとき，ラリーは彼女に 20 ドルを与えた」。過去形になる。(9)「その日の終わり，彼は素晴らしい気分だった」。過去形になる。**問 4**　「彼はまったく何も食べなかった」。nothing = not anything =「何も～ない」。**問 5**　A. 勘定を支払うことになって，後ろポケットに手を伸ばしたラリーの言動として適切なもの→『『ああ，なんてことだ！』と彼は言った。『財布をなくしてしまった！』』。B. レストランのオーナーは「これはあなたのお金だと思う」と言って，ラリーの手の上に 20 ドル札を置いた。ラリーは「ええ，そうだと思います」と言って，その金を使った。C. ラリーは，貧しいころに助けてもらったオーナーに恩返ししようと思い，大金の入った封筒を渡したが，オーナーが受け取らずに返そうとしたので，ラリーは「いいえ（受け取ってください）」と言った。**問 6**　(ア)「～を注文する」= order ～。(イ)「～のために」= for ～。**問 7**　(10) return to ～ =「～に戻る」。give ～ …=「～に…を渡す」。(11) to help は目的を表す不定詞の副詞的用法で，「助けるために」と訳す。one another =「お互いに」。**問 8**　1. 第 2 段落の前半を見る。レストランに入ったラリーについて，Larry ate a big breakfast.と書かれているので正しい。2. 第 2 段落の後半を見る。ラリーはお金を持っていなかったので朝食の支払いができず，財布をなくしたふりをした。3. 第 3・4 段落を見る。レストランのオーナーはラリーを助けてあげるために，ラリーのお金を拾ったふりをした。4. 第 7 段落の前半を見る。銀行で何枚かの 100 ドル札を手にしたラリーはカンザスシティを歩きまわり，不幸に見える人々にお金を渡したので正しい。

ちかみち

よく出る連語

- ◆help A with B=「A の B を手伝う」。
- ◆look after ～=「～の世話をする」。
- ◆look forward to ～=「～を楽しみに待つ」。
- ◆listen to ～=「～を聞く」。
- ◆look for ～=「～をさがす」。
- ◆take care of ～=「～の世話をする」。

◀**全訳**▶ 1971 年，ラリー・スチュアートが 22 歳のとき，彼は仕事を失った。何週間も，彼は都市から都市へと車を走らせ，仕事を探した。彼は何も見つけることができなかった。ミシシッピ州にある小さな町で，彼の車のガソリンが切れ，そして彼はお金を使い果たした。彼はホテルの部屋にお金を支払うことができなかったので，車の中で眠った。彼には食べ物を買うお金がなかったので，本当に空腹になった。2 日間，彼はまったく何も食べなかった。

　朝早く，ラリーはある小さなレストランへ行った。そこでは一人の男性だけが働いていた。彼はそのレストランのオーナーだった。ラリーは朝食をたっぷり食べた。オーナーがラリーに勘定書を渡したとき，彼は自分の後ろポケットに手を伸ばした。「ああ，なんてことだ！」と彼は言った。「財布をなくしてしまった！」　もちろん，それは本当のことではなかった。ラリーの財布は彼の車の中にあったが，その中にお金はまったくなかった。

オーナーはしゃがんで，ラリーのテーブルの下に手を伸ばした。立ち上がったとき，彼は手の中に 20 ドル札を持っていた。「私はあなたがこれを落としたのだと思う」と彼は言った。彼はそのお金をラリーの手に置いた。「ええ，そうだと思います」とラリーは言った。彼は朝食の代金を払い，彼の車をガソリンスタンドへ押していき，燃料タンクを満たした。

ラリーはミズーリ州カンザスシティにいとこがいたので，車でそこへ行くことにした。「たぶん，私が仕事を見つけるのをいとこが手伝ってくれる」とラリーは考えた。カンザスシティへ行く途中で，ラリーはレストランのオーナーのことを考えた。「彼は本当は私のテーブルの下で 20 ドル札を見つけたわけではなかった」とラリーは確信した。「彼は私に自分のお金をくれたのだ」

カンザスシティで，ラリーは仕事を見つけた。その後，彼はケーブルテレビの事業を始め，それは成功した。カンザスシティに着いてから 9 年後，ラリーは金持ちだった。

ある日，ラリーはカンザスシティのレストランへ行き，昼食にハンバーガーを 1 つ注文した。彼の注文を取ったウエイトレスは疲れているように見えた。彼は自分が疲れていて，空腹で，職がなかった 1971 年のことを思い返した。彼はミシシッピ州の小さなレストランと，彼に 20 ドルをくれた男性のことを考えた。ウエイトレスが彼に勘定書を持ってきたとき，ラリーは彼女に 20 ドルを渡した。「お釣りは取っておいてください」と彼は彼女に言った。ウエイトレスは泣き始めた。「ありがとうございます」と彼女は言った。「本当にありがとうございます」

レストランを出た後，ラリーは銀行へ行って，何枚かの 100 ドル札を手に入れた。彼はそのお金を持って，一日中カンザスシティを歩き回った。悲しそうに見えたり，貧しそうに見えたりする人々に会うと，彼は彼らに 100 ドル札を与えた。その日の終わり，彼は素晴らしい気分だった。

ラリーはお金をあげるという新しい趣味を持った。時には，彼は通りで人々に 100 ドル札を与えた。またある時は，彼はファストフードのレストランやコインランドリーへ行って，そこで人々にお金を渡した。彼はミシシッピ州のレストランに戻り，オーナーに 10000 ドルが入った封筒を渡した。封筒を開けたとき，その男性はそれを返そうとした。「いいえ」とラリーは彼に言った。「私はあなたに返金するために来たのです」 総額で，ラリーは 100 万ドル以上を贈った。

「私たちはお互いに助け合うためにこの地球にいるのです」とラリーは言った。「あなたを助けてくれた人々を助けてください。他の人々も助けてください。返すだけではいけません。恩返しをしてください」

▌3.気候変動問題

問1 イ　問2 ウ　問3 ウ　問4 イ　問5（例）(I think that) water pollution (is a serious environmental problem.) To get a lot of money, humans are building more factories than before. This causes water pollution. （27 語）

◇ **解説** ◇

問1 直後に「日本では，2020 年の 7 月に豪雨があった。多くの人々が家の外に出ることができず，生活についてとても心配していた」とある。**問2** 同じ段落に「多くの木々を切り倒すことが森林伐採と呼ばれる」とある。**問3** 第③段落に「熱帯雨林は地球の気温を制御できない」ということは書かれていない。**問4** 文章全体を通じて，「人間の活動が地球規模の気候変動の原因となっている」ことが書かれている。**問5** 深刻だと考える地球環境問題とその原因を書く。「水質汚濁」，「大気汚染」などの問題が考えられる。

▶**全訳**▶① 自然は今，最悪の危機の一つに直面しています。私たちは環境問題のニュースを見ることなしに 1 日を過ごすことができません。日本では，2020 年の 7 月に豪雨がありました。多くの人々が家の外に出ることができず，生活についてとても心配していました。南アメリカでは，アルゼンチンのウプサラ氷河が溶けつつあります。それは約 100 年前，氷と雪に覆われていました。しかしながら，海水の温度が 1928 年以来上昇し続け，そのことは氷河が溶解する原因となっています。今，その地域は水に覆われています。では，何が地球規模の気候変動の原因なのでしょうか？

② 気象の科学者たちは，気候の変化の主要な原因の一つは森林伐採であると言います。森林は地球の表面の 3 分の 1 を覆っています。人間と動物は生きるために森林が必要です。例えば，家を建てるための材料として木々が切り倒されます。多くの木々を切り倒すことが森林伐採と呼ばれます。森林伐採は動物の生息地に被害をもたらします。生息地の破壊は，植物や動物の生息場所の喪失という結果をもたらします。もし人間がこれをし続ければ，多くの植物と動物が死ぬでしょう。森林伐採はまた，気候変動につながります。熱帯雨林は通常，二酸化炭素を閉じ込めることによって，地球の気温を制御する手助けをします。しかしながら，森林伐採が熱帯雨林の広い地域で行われると，効果的にこれができなくなります。このことが地球温暖化を引き起こします。

③ 私たちの生活様式の変化もまた，森林伐採をより深刻にしています。科学は私たちの生活をよりよくして，人間は今，過去ほど頻繁に山や森林に住みません。その結果として，動物のなかには山や森林での数が増加しているものもいます。このことは森林伐採をより悪くしています。例えば，げっ歯類の数は今，増えています。それらは，好みの食べ物を得るために土を掘り返し，森林の再生をはばんでいます。鹿の数も増加しています。これは，鹿が地球温暖化によって引き起こされたより暖かい冬を生き残ることができるからです。鹿は果実，野菜，木を食べるのが大好きです。もしもっと多くの鹿が木々を食べ続ければ，木の数はさらに少なくなるでしょう。

④ 地球の気温はここ 100 年で上昇し続けています。地球温暖化の主要な原因の一つは人間の活動です。私たちは木々を切り倒し，私たちの生活様式をより便利にするためにそれを変えます。これらの活動は深刻な気候変動につながります。もし私たちがこれらの活動をやめなければ，事態はさらに悪くなるでしょう。気候変動が地球に重大な悪影響をおよ

ぼすので，もっと多くの人々や動物が苦しむでしょう。私たちは，手遅れになる前に何かをしなければなりません。

▌ 4　日本人の正直さ ▐

問1 ㋐ exciting　㋑ be　㋒ taken　㋓ stopped　㋔ kept　**問2** A．ア　B．イ　**問3** イ　**問4** ② しかし，日本に来る多くの西洋人は滞在中に自分たちの習慣を変え始める。③ しかし今では，彼はよくスターバックスで自分のノートパソコンをテーブルの上に置いたままにする。**問5**（例）I had to go back to my bicycle.　**問6** スターバックスでは，いつも近くに他の客が座っているので盗むことは難しいが，スーパーの外では，人が常に行き来しているので持ち去ることが容易であること。（同意可）　**問7**（目的）日本人が実際にどれほど正直であるかを知ること。（方法）東京駅の通路で1万円札を何気なく落として，それを拾う人を柱の後ろから観察する。（それぞれ同意可）　**問8** He thought that they are（または，were）very honest.　**問9** ア・オ

◇ **解説** ◇

問1 ㋐「だから，初めて日本に来ている多くの西洋人にとって，気楽にジッパーを閉めないかばんを持って歩き回ることはわくわくすることだ」。「わくわくする」＝ exciting。㋑「しかし，それでもなお，注意深くすべきだ」。have to のあとなので be 動詞の原形が入る。㋒ちかみち参照。「なぜだれも私のかばんを取らなかったのだろう？」。現在完了の完了用法なので take の過去分詞が入る。㋓「何人かの人はそれを見るために立ち止まった」。stop の過去形が入る。㋔「彼らは歩き続けた」。「〜し続ける」＝ keep on 〜ing。keep の過去形が入る。**問2** A．次に「西洋の国がとても危険だと言っているのではない」と書かれている→「それはとても安全なことだ」。B．「カナダはアメリカほど『悪く』はない。しかしそれでもなお，注意深くすべきだ」。**問3** 直訳すれば，「あなたは問題に巻きこまれる前に，どれだけ遠くへ行けるのかを知りたい」となる。つまり，「どの程度まで安全で，大丈夫なのかを知りたい」という意味を表している。**問4** ② who come to Japan が後ろから主語の many Westerns を修飾している。「〜の間に」＝ during 〜。③ 直前に「例えば，ギャビンが初めて日本に来たときは，決してスターバックスで彼のノートパソコンをテーブルに置いたままにしなかった」と書かれている。does は「ノートパソコンをテーブルの上に置いたままにすること」を指している。**問5** 財布がないことに気づかず支払おうとしている場面。「私の財布もその（＝かばんの）中にあった」だから，「自転車に戻らなければならなかった」「支払う金がなかった」などの文が考えられる。**問6** スターバックスでの状況とスーパーマーケットの外の状況の違いは何か？→第8段落にその違いが書かれている。それぞれの場所での人の様子がどうかを考える。**問7** 目的は，第9段落に He wanted to know just how honest Japanese people really were. と説明されている。方法については，⑤のあとの文章で説明されている。**問8** 実験のあと，ギャビンは日本人に

ついてどのように考えたか？→ギャビンは「日本人がとても正直であることはわかった」と思った。問9 ア「多くの西洋の国では，あなたは盗みについて心配しなければならない」。第2段落の1文目にその内容が書かれているので正しい。イ「持ち運ぶことが簡単なので，あなたは西洋の国でリュックサックを持つべきである」。第2段落の2文目を見る。西洋の国ではリュックサックを持つべきではないと書かれている。ウ「ギャビンは，日本ではカナダにいたときよりも注意深い」。キャビンは，日本へ来てから，店のテーブルにかばんを置いたままにするなど，カナダにいたときよりも注意深くなくなった。エ「コンピュータをほしいと思う東京のすべての人が，新しいコンピュータを手に入れることができる」。第9段落を見る。このようにギャビンが想像しただけである。オ「買い物に行ったとき，ギャビンは彼の自転車のかごに財布を置いたままにした」。第6段落を見る。ギャビンは財布の入ったコンピュータのかばんを自転車のかごに置いたままにしていたので正しい。カ「ギャビンがお札を落とすとすぐに，駅の守衛がそれを拾って彼に返した」。第10，11段落を見る。守衛がギャビンのお札を拾ったのは，かなり時間がたったあとだった。

\CHIKAMICHI /
ちかみち

現在完了〈have/has ＋ 過去分詞〉
　３つの用法を覚えよう。以下のキーワードにも着目しよう。

◆継続「ずっと〜している」：since（〜以来），for（〜の間），how long（どのくらいの間）
　・I have been interested in English since I started to study it.
　　（私は英語を学び始めてからずっと英語に興味をもっている）
　・How long has he lived in Paris?（彼はどのくらいの間パリに住んでいますか）
◆経験「〜したことがある」：before（以前に），ever（今までに），never（一度も〜ない）
　・I have visited her before.（私は以前に彼女のもとを訪れたことがある）
　・I have never been to foreign countries.（私は一度も外国へ行ったことがない）
◆完了「〜してしまった」：already（すでに），just（ちょうど），yet（もう，まだ）
　・The train has already left.（電車はすでに出てしまった）
　・Have you finished your homework yet?（あなたはもう宿題を済ませましたか）

◀**全訳**▶もし，西洋の人に日本について何が好きかとたずねたら，しばしば「それはとても安全なことです」という同じ答えを聞くでしょう。西洋の国がとても危険だと言っているのではありません。でも気にかけなければならない小さなやっかいなことがあります。盗みのようなものです。

　多くの西洋の国ではいつも盗みについて心配しなければなりません。後ろから簡単に開けられるようなリュックサックやジッパーのついていないかばんを持つべきではありません。だから，初めて日本に来ている多くの西洋人にとって，気楽にジッパーを閉めないかばんを持って歩き回ることはわくわくすることなのです。あるいは後ろのポケットから見えている財布を持つこともです。問題に巻きこまれる前に，どこまで行けるか知りたいと思うでしょう。

　しかし，日本に来ている多くの西洋人は滞在中に自分たちの習慣を変え始めます。日本の企業で働くカナダ人のギャビンはその1つの例です。「年を重ねるごとに，私は自分がどんどん注意深くなくなっていることが感じられます」と彼は言います。例えば，ギャビンが初めて日本に来たときは，スターバックスで決して彼のノートパソコンをテーブルに置いたままにしませんでした。しかし，今では彼はよくそれをします。

　「最初は，トイレに行くときだけ，それを置いたままにし始めました。しかし今では，私は席を取るために，コンピュータの入ったかばんをテーブルの上に置き，注文をするためにカウンターへ行く間，それをそこへ置いたままにします。私はカナダでは，決してそのようにコンピュータを置いたままにしません」とギャビンは続けます。「カナダはアメリカほど悪くはありません。しかしそれでもなお，注意深くすべきです。そのようにコンピュータだけを置いているということは，盗んでくれと頼んでいるようなものです」

　当然，ギャビンは日本の安全の水準のほうが気に入っています。自分のコンピュータをトイレに持っていくことはとてもやっかいなことですから！

　一度，ギャビンはスーパーマーケットに入っていったとき，彼のコンピュータのかばんを自転車のかごに置いたままにしました。彼は「私はかばんを持っていないことさえ気づきませんでした。それから，お金を払いに行きました。私の財布もその中にありました。だから，私は自転車に戻らなければなりませんでした」

　ギャビンはそれがなくなっているだろうと思いました。彼はかごを置き，外へ出ました。彼のかばんはまだそこにあり，財布もコンピュータも両方入ったままでした！

　このことは本当にギャビンを感動させました。この状況はスターバックスでの状況とはとても違っていると彼は思いました。スターバックスでは，いつも近くに座っている他の客たちがいます。だから盗むことは困難です。しかし，スーパーマーケットの外では，人がいつも行き来しています。だから，ギャビンのかばんを持ち去るのは簡単です。

　ギャビンは「なぜだれも私のかばんを取らなかったのだろう？　それは日本人が本当に正直だからなのか？　それは，東京ではコンピュータをほしいと思っているすべての人が自分のコンピュータを買うことができるからだろうか？　あるいは，おそらくだれも中古のコンピュータをほしがらないのだろうか？」と不思議に思いました。彼は日本人が本当にどれくらい正直なのかをただ知りたいと思いました。彼はすべての人に役立つ1つのもの，お金について考えました。

　ギャビンはある実験のために，彼自身のお金を少し使うことにしました。ある週末の午後に，彼は東京駅へ行きました。通路の1つに，彼は「何気なく」1万円札を落としました。それから，彼は柱の陰から見ていました。だれもお金を拾いませんでした。何人かの人はそれを見るために立ち止まりましたが，そのあとすぐに歩き続けました。彼はずっと待ちました。しかし，まだだれも1万円札を拾いませんでした。

　とうとう，駅の守衛がそのお金を拾い，ギャビンのところへ歩いてきました。「私はあなたが何をしようとしているかを知っています。自分のお金を受け取って，家へ帰ってくだ

さい」と，守衛はギャビンにはっきり言いました。

　ギャビンはとても気まずく感じました。彼はそのお金をポケットに入れました。彼は頭を下げながら，家へ帰りました。

　「日本人がとても正直であることはわかった。もう二度と彼らを疑わないぞ！」と彼は思いました。

5. 祭りと色

問1 (1) エ　(2) イ　(3) ア　(4) エ　(5) ウ　問2 ① will make your senses fresh　② in order to complain about a bad government　問3 (ア) began　(イ) forgotten　(ウ) wore　(エ) sang　問4 1. didn't, like, this, color　2. sick, people　3. had, to, destroy　4. throw, tomatoes　問5 1. ウ　2. ア　3. エ

◇ 解説 ◇

問1 (1)「時々，彼らはすでに起こった良いことを祝うためにこれを行う」。現在完了の完了用法で先行詞が3人称単数形なので has となる。(2) 前の段落の最終文に「すべての場合において，絵や服，家や道の中に色がある」と書かれている→「インドでは，『色』はあらゆるところにある」。(3)「～を恐れる」= be afraid of ～。(4)「～を待つ」= wait for ～。(5)「～次第である」= depend on ～。問2 ①「香辛料市場を歩いて通り抜けることは，あなたの感覚を新鮮にする」。「AをBにする」= make A B。②「昔，この男性は悪政について訴えるために川に身を投じた」。「～するために」= in order to ～。「～に関して抗議する」= complain about ～。問3 (ア) many centuries ago があるので，過去形になる。(イ)「多くのルールは忘れられている」。受動態の文なので，過去分詞になる。(ウ)「ある日，そのモンスターが赤い服を着た子どもを恐れていた」。過去形になる。(エ)「シンガーは歌を歌って祈った」。過去形になる。問4 1.「古い物語によると，ニアンが『この色を好まなかった』ので，中国は今，新年になると赤色でいっぱいになる」。2.「ナバホ族の人々はシンガーに，砂絵を描き，『病気の人々』を助けるために祈るよう頼んだ」。3.「シンガーは夜が終わる前に砂絵を『壊さなければならなかった』」。4.「トマト祭りは，人々がお互いに『トマトを投げる』ので，最も赤い祭りの1つである」。問5 1. 第3段落の2文目を見る。ホーリー祭りについて，「それは春の訪れを祝う」と書かれている。2. 第8段落の前半を見る。ドラゴン・ボート・フェスティバルの説明で，「昔，この男性は悪政について訴えるために川に身を投じた」と書かれている。3. 第5段落の1文目を見る。「もう1つのヒンドゥー教の祭りは，光の祭りであるディワーリーである」と書かれている。

\CHIKAMICHI /
↑ ちかみち

不定詞の3つの用法を覚えよう。

◆名詞的用法（～すること）

I like to watch TV.（私はテレビを見ることが好きだ）

◆形容詞的用法（～するための）

・I have enough money to buy the bag.

（私はそのバッグを買うための十分なお金を持っている）

◆副詞的用法（～するために［目的］／～して［原因］）

・I went to the library〔in order〕to read books.

（私は本を読むために図書館に行った）

・I'm happy to hear that news.（私はその知らせを聞いてうれしい）

※in order to ～の形を用いると，目的を表す不定詞であることが明確になる。

◀全訳▶人々は何世紀もの間，祭りや祭式を行ってきました。時々，彼らはすでに起こった良いことを祝うためにこれを行います。時々，彼らは彼らの神に対するある種の祈りとしてそれを行います。時には，悪い魂を驚かして追い払ったり，病気を止めようとしています。すべての場合において，絵や服，家や道の中に色があります。

インドでは，色はあらゆるところにあります。それは芸術であり，ファッションであり，食べ物です。香辛料市場を歩いて通り抜けることは，あなたの感覚を新鮮にするでしょう。しかし，インドはホーリー祭りの間ほど色鮮やかではありません。

ホーリー祭りは何世紀も前に始まり，それは世界中でヒンドゥー教徒によって楽しまれています。それは春の訪れを祝います。人々は道路に火をかかげます。彼らは新しい植物のための道を開くために古い木材を燃やします。

大部分の場所では，その祭りは1日続きます。多くのルールは忘れられ，人々は大いに楽しみます。彼らは色のついた粉と水をお互いに投げ合います。男性も女性も，若者も老人も，お金持ちも貧しい人も，すべての人がそれを楽しみます。

もう1つのヒンドゥー教の祝祭は，光の祭りであるディワーリーです。それは秋に行われ，善がどのように悪に勝つのかということを祝います。それはまた，どのようにして人間が彼らの内に光を見つけることができるかについての象徴です。

この祭りの間，家々は色鮮やかな紙のちょうちんで装飾されます。人々はまた道路に絵を描きます。これらはふつう動物や花のような自然のものです。そして，それらは悪い魂が私たちの世界に入ってくるのを止める途切れることのない線で描かれます。

中国もまた色鮮やかで，特に新年は鮮やかです。伝統的な物語は，村の人々，特に幼い子どもを攻撃していたニアンというモンスターについて語っています。ある日，そのモンスターが赤い服を着た子どもを恐れていたので，人々はニアンがこの色を好んでいないとわかりました。今では赤色は新年の象徴であり，人々は新しい赤い服を着て，彼らの家を赤いちょうちんで飾り，赤い紙で覆われた花火を打ち上げます。

　ドラゴン・ボート・フェスティバルは 2,500 年の歴史があります。それは中国の英雄である屈原（クツゲン）の象徴です。昔，この男性は悪政について訴えるために川に身を投じました。人々は魚が彼の体を食べることを止めるために，川の中に食べ物を投げ入れました。そして，今は，これを祝うためにドラゴン・ボートによる競争があります。それらのボートはドラゴンの頭とドラゴンの尾を持ち，色付けられています。

　米国南西部では，ナバホ族の人々が病気の人々を救うために祭式を祝いました。この祭式は 9 昼夜もの間，続きました。シンガーと呼ばれるまじない師が砂絵を描きました。この絵はある物語を語り，白色，青色，黄色，黒色の主要の 4 色を使いました。それぞれの色はその地域の 4 つの重要な山々のそれぞれの象徴でした。

　病気の人はその祭式の間，その絵の上に座り，呼ばれる魂を待たなければなりませんでした。人々はその絵はある種の道だと信じました。人々はこの道を通って，神々とコミュニケーションをとることができました。その祭式の間，シンガーは歌を歌って祈りました。

　そのあと，シンガーは最後の日の太陽が昇る前にその絵を壊さなければなりませんでした。さもなければ，悪いことが病気の人やシンガーに起こることになっていました。

　おそらく，最も赤くて最も奇妙な祭りの 1 つは，トマト祭りです。それは，8 月の終わりにスペインのブニョールで行われます。その祭りは 1 週間の長さで，人々は音楽とダンス，花火を楽しみます。それは始めから終わりまで色であふれていますが，終了時，8 月の最後の水曜日に，ものはより一層色鮮やかになります。この日には，大規模なトマトの戦いがあります。約 30,000 人の人々が町の主要な道路を埋め尽くし，お互いにトマトを投げ合います。おもしろそうに思いますか？　ええ，おそらくは，しかし，それはあなたがどのくらい汚れたいか次第です！

［6. テムズ川のボートレース］

問 1 (a) イ　(b) ウ　**問 2** ア　**問 3** エ　**問 4** (a) ① strong, legs, and, arms　② study, very, hard　(b)（例）The members of the Boat Race are great. I also want to do my best like them.（17 語）

◇ **解説** ◇

問 1 (a) 健はなぜこの E メールを書いたか？→健はジョンがボートレースのことをもっと知っていたら，教えてほしいと頼んでいる。(b) 健はボートレースについてどんなことを知ったか？→「2 つの大学の学生だけがそのレースに参加できる」と書かれている。**問 2** 選手は 9 人で，1 人は指示を出すコックスである。残りの 8 人は両手で 1 本のオールを持ち，ボートをこぐ。**問 3** 「2019 年のボートレースとその歴史」→「レースのルール」→「レースに勝つために必要なこと」→「人気のある春のイベントとしてのレース」という順序で話題が進んでいる。**問 4** (a) ①「それらは『強い足と腕』と，コックスからの良い指示，そしてチームワークである」。②「2 つ目に彼らはレースのためにたくさんトレーニングをし，大

学で『とても熱心に勉強する』。(b) この 2 つの記事の感想を 10 語以上の英語で書く。

◀全訳▶これは対抗ボートレースについての興味深い記事です。ぼくはそれに興味を持ちました。もし，きみがそれについてもっと知っているのなら，ぼくに E メールを送ってください。

〔記事 1〕

　対抗ボートレースが 2019 年 4 月 7 日にロンドンのテムズ川で行われました。それはオックスフォード大学のチームとケンブリッジ大学のチームの間のレースです。それらの大学の学生だけがそのレースに参加できます。彼らは賞金を受け取らないので，そのイベントはアマチュアのスポーツとして知られています。2019 年には，ケンブリッジ大学が男子と女子の両方のレースに勝利しました。そのレースには長い歴史があります。1829 年に男子のレースが，1927 年に女子のレースが始まりました。そのイベントは時々中止されましたが，通常毎年春に行われます。そのレースを見ると，人々の多くは春が訪れたと思います。

　これはその対抗ボートレースについて知るのに良い記事です。読んでみてください。

〔記事 2〕

　ルールは簡単です。たとえば，両大学のそれぞれのチームには 9 人の選手がいます。彼らのうちの 1 人は「コックス」です。彼あるいは彼女は指示を出します。他の 8 人の選手はテムズ川で約 7 キロメートル，チームのボートをこぎます。彼らのそれぞれは，両手で 1 本のオールを持ちます。相手チームより速くゴールしたチームがレースに勝利します。そのレースは天気が悪いときにも行われます。

　対抗ボートレースに勝つために，選手は一生懸命トレーニングをしますが，強い足と腕を持つだけでは十分ではありません。コックスからの適切な指示とチームワークもまた必要です。コックスだけが前を見ることができます。他の 8 人の選手は，コックスを見て，コックスの声を聞き，コックスに従います。力をあわせることがとても重要です。

　そのレースはとても人気があります。毎年の春，およそ 25 万人の人々がそのレースを見に来て，他の多くの人々はテレビでそれを見ます。どうしてそのレースはそんなに人気があるのでしょうか？　選手たちはそのレースで賞金を受け取らないので，人々は彼らに敬意を表します。他の理由もあります。彼らはよくトレーニングをし，とても熱心に勉強します。彼らは通常，朝早く起き，練習をし，大学で授業を受けます。

7. 奇跡のピアノ

問 1 1. イ　2. エ　問 2 ウ　問 3 アイゼンバーグが彼女の右手を使い，パトリックが彼女の左手を使って，2 人で一緒にピアノを演奏すること。(50 字)(同意可)　問 4 sad　問 5 ① ウ　② カ　問 6 オ・カ・ケ

◇ 解説 ◇

問 1　ちかみち参照。1. 直前の「もちろん彼女たちは上手にピアノ演奏をしました」とい

う文と，直後の「それが主な理由ではありませんでした」という文の関係から，逆接の接続詞が入ることがわかる。2. 直前の「彼女は身体の左側を動かすことができなくなりました」という文と，直後の「演奏をあきらめ，もはやピアノを見たいとは思わなくなりました」という文の関係から考える。「そのため，それで」= so。**問2** 第3段落の2文目を見る。パトリックさんは若いころ，ピアノ教師をしていた。**問3** 直後の段落の4文目以降を見る。アイゼンバーグさんは右手だけを使い，パトリックさんは左手だけを使って，ピアノを演奏することができた。**問4** 大好きな曲を2人で演奏できるようになったことから考える。彼女たちはもはや「悲しく」なかった。**問5** 直後の文に失ったものと見つけたものが述べられている。「ドアを閉じる」とは脳卒中によってピアノが演奏できなくなったことを，「窓を開ける」とはルース・アイゼンバーグに出会えたことを表している。**問6 ア** アイゼンバーグさんとパトリックさんが一緒にピアノの演奏をするようになったのは，高齢になってから。**イ** 第2段落の最終文を見る。アイゼンバーグさんとパトリックさんは曲の別々の部分を演奏した。**ウ** パトリックさんが脳卒中を起こしたときに，アイゼンバーグさんが手助けをしたとは述べられていない。**エ** アイゼンバーグさんが将来，両手でピアノが弾けるようになることを希望しているとは述べられていない。**オ**「アイゼンバーグさんとパトリックさんは同じ高齢者向けの交流施設に行った」。第5段落の1文目と第6段落の2文目を見る。正しい。**カ**「所長のおかげで，パトリックさんはアイゼンバーグさんと出会うことができた」。第6段落の後半を見る。正しい。**キ** アイゼンバーグさんとパトリックさんは，最初から仲の良い友達だったわけではない。**ク** 第7段落を見る。アイゼンバーグさんとパトリックさんが初めて一緒に演奏した曲は素晴らしい響きだった。**ケ**「パトリックさんは再び音楽を楽しむことができるようになり，新しい友達もできた」。最終段落を見る。正しい。

\CHIKAMICHI/
ちかみち

接続詞に着目して文の流れをつかもう。

◆~ because …=「…なので~」。
I went to the library because I wanted to read many books.
（多くの本が読みたかったので，私は図書館へ行った）

◆~ so …=「~なので…」。
He knows a lot of things, so he tells me different kinds of things.
（彼は多くのことを知っているので，私に様々な種類のことを教えてくれる）

◆when ~=「~するとき」。
I studied abroad when I was a high school student.
（高校生のときに，私は留学した）

◆~, but …=「~だが…」。
We are busy today, but we should think about our health more.
（現代では私たちは忙しいが，健康についてもっと考えるべきだ）

◀全訳▶ルース・アイゼンバーグとマーガレット・パトリックは数年間一緒にピアノ演奏をしました。彼女たちはアメリカやカナダでコンサートを開き，テレビにもしばしば出演しました。彼女たちは有名でした。

彼女たちはなぜ有名だったのでしょうか？　もちろん，彼女たちは上手にピアノ演奏をしましたが，それが主な理由ではありませんでした。アイゼンバーグさんは彼女の右手だけでピアノを演奏し，そしてパトリックさんは彼女の左手だけでピアノを演奏しました。そのため彼女たちは有名になったのです。彼女たちは隣り合わせに座り，一緒にピアノを演奏しました。アイゼンバーグさんが曲の一部を演奏し，パトリックさんが他の部分を演奏しました。

しかし，若いころ，彼女たちは両手で演奏していました。パトリックさんはピアノ教師でした。彼女は何百人もの生徒たちに教えていました。彼女は自分自身の子供たちにも教えていました。その後，69歳のときに，パトリックさんは脳卒中を起こしました。彼女は動くことも話すこともできませんでした。彼女は少しずつ回復したのですが，彼女の身体の右側はまだとても弱い状態でした。彼女はピアノ演奏をあきらめ，もはやピアノを見たいと思わなくなりました。彼女はとても悲しみました。

ピアノ演奏はアイゼンバーグさんの趣味でした。彼女はしばしば1日に5，6時間演奏していました。その後，80歳のときに，彼女も脳卒中を起こしました。彼女は身体の左側を動かすことができなくなったので，演奏をあきらめ，もはやピアノを見たいとは思わなくなりました。彼女はとても悲しみました。

彼女が脳卒中を起こして数ヵ月後，アイゼンバーグさんは高齢者向けの交流施設に行きました。その施設では，絵画やカードゲームなどの多くの活動が行われていました。アイゼンバーグさんはそのような活動を通してピアノから離れているようにしました。

そのとき，パトリックさんは何か新しいことをしてみたいと思っていました。数週間後，彼女は初めて同じ施設に行きました。そこの所長が彼女に施設を案内していたとき，パトリックさんはピアノを見つけました。彼女は悲しそうにそのピアノを見つめました。「どうかしたのですか？」と所長が尋ねました。「いいえ」とパトリックさんが答えました。「ピアノが記憶を呼び起こすのです。脳卒中を起こす前，私はピアノを演奏していました」　所長はパトリックさんの右手を見て，「ここで待っていてください。私はすぐに戻ります」と言いました。数分後，所長がアイゼンバーグさんと一緒に戻ってきました。「マーガレット・パトリックさん」と所長が言いました。「こちらはルース・アイゼンバーグさんです。脳卒中を起こす前，彼女もピアノを演奏していました。彼女は彼女の右手を使うことができます，そしてあなたはあなたの左手を使うことができます。あなたたち2人は一緒に何か素晴らしいことができると思います」

「ショパンのワルツ第6番をご存知ですか？」とアイゼンバーグさんがパトリックさんに尋ねました。「はい」とパトリックさんが答えました。その2人の女性はピアノに向かって座り，その曲を演奏し始めました。アイゼンバーグさんは右手だけを使い，パトリック

さんは左手だけを使いました。曲は素晴らしい響きでした。その女性たちは自分たちが同じ種類の音楽を愛していることを発見しました。彼女たちは一緒に自分たちの愛する音楽を演奏し始めました。彼女たちはもはや悲しくありませんでした。

　パトリックさんは「時に神はドアを閉じ，そして窓を開けることがあります。私は音楽を失いましたが，ルースを見つけました。今，私には再び音楽があります。私には友人のルースもいます」

8. 日本とペルーのかけ橋

問1　オ→エ→ア→ウ→イ　問2　(例)(a) No, they did not.　(b) He went back once.　問3　ウ　問4　ア・カ　問5　(例) I am trying to say "thank you" with a smile. Kinds words and smiles have power to make people happy.（20語）

◇ 解説 ◇

問1　第3段落の中ほどを見る。オ「与吉は国の鉄道会社で働き始めた」→第4段落の中ほどを見る。エ「与吉は水を村に運ぶために水路を建設した」→第5段落の中ほどを見る。ア「与吉は訪問者と村人両方のためにホテルを建てた」→第6段落の最後の文を見る。ウ「与吉はマチュピチュ村の初代村長になった」→第7段落の冒頭を見る。イ「与吉はペルーから大玉村に帰った」。問2　(a) 問いは「与吉の両親は，彼が21歳のときに彼にペルーに行ってほしかったのですか？」。第2段落の中ほどを見る。両親は彼に行ってほしくなかったので，No で答える。(b) 問いは「与吉はペルーから大玉村に何回帰りましたか？」。第7段落を見る。彼は1回帰った。問3　第4・5段落では，与吉がマチュピチュ村のために尽力したおかげで，村の生活が向上したことが書かれている。彼は村にとって「大切な」人であった。問4　ア　ちかみち参照。「ペルーの農場での仕事はとてもきつかったので与吉はそれを続けることができなかった」。第3段落の前半を見る。正しい。イ　第3段落の中ほどを見る。与吉は28歳のとき，ペルーの国の鉄道会社で働き始めた。ウ　第4段落の後半を見る。与吉が水力発電所を建設したので，村人は彼を尊敬し始めた。エ　第5段落の中ほどを見る。与吉はホテルを建て，それの中に郵便局と警察署があった。オ　第6段落を見る。太平洋戦争中，与吉と彼の家族は村人に救われた。カ「与吉のおかげで大玉村はマチュピチュ村の友好都市になった」。最終段落を見る。正しい。問5　質問は「あなたはまわりの人を幸せにするために何をしたいですか？」。解答例は「私は笑顔で『ありがとう』を言おうと努めています。優しい言葉と笑顔は人を幸せにする力があります」。

too ～ to …から so ～ that …への書きかえ

◆too ～ to …（とても～なので…できない）は so ～ that …で書きかえられる。

◆that の後ろは助動詞の can（または，cannot）を使うことが多い。

This stone is too heavy for me to lift. → This stone is so heavy that I can't lift it.

（この石はとても重いので，私には持ち上げることができません。）

◀**全訳▶** 大玉村は福島県の美しい村です。それはペルーのマチュピチュ村の初めての友好都市です。マチュピチュ村は世界遺産で有名で，多くの人がそこを毎年訪問します。大玉村はなぜマチュピチュ村の友好都市になったのでしょう？

1人の日本人男性が2つの村をつなげました。彼の名前は野内与吉でした。彼は1895年に大玉村で生まれました。彼の両親は農民で，彼にはたくさんの兄弟姉妹がいました。彼が21歳のとき，両親は彼に行ってほしくありませんでしたが，移民としてペルーに行く決心をしました。彼は外国で成功したかったのです。彼は1917年に1人で日本を出発しました。

ペルーに着いた後，与吉は農場で働きました。農場での仕事はきつすぎて，続けることができませんでした。彼はその仕事を諦め，別の仕事を見つけるために旅をしてまわりました。彼は仕事を数回変えました。彼は28歳のとき，ペルーの国の鉄道会社で働き始めました。当時，その会社はコーヒー豆を運ぶ長い鉄道を建設する計画を持っていました。彼はマチュピチュのふもとの村に滞在し，鉄道を建設するために働きました。村のまわりには自然がたくさんありました。彼はその村が気に入って，そこで暮らす決心をしました。

しかし，そこでの暮らしは容易ではありませんでした。村人は水を手に入れるために長い道を歩かなければなりませんでした。また，彼らには電気がありませんでした。与吉は水を村に運ぶために村人といっしょに水路を建設しました。その後，彼らはより簡単に水を手に入れることができました。村人は電気について多く知らなかったので，彼は彼らにそれについて教えました。彼は彼らといっしょに小さな水力発電所を建設しました。村人は彼を尊敬し始めました。

村に来る前，与吉は彼自身のためだけに働きましたが，村での経験が彼を変えました。彼は村人のために働くとき，幸せに感じました。彼は「もっと多くの人が村を訪れれば，村は発展するだろう」と考えました。彼は40歳のとき，1935年に村にホテルを建てました。このホテルは訪問者のためだけではなく，村人のためでもありました。それの中には郵便局や警察署がありました。ホテルは村人にとってとても大切な場所になりました。彼はいつも村と村人のことを考えました。彼はもはやただの日本からの移民ではありませんでした。彼のおかげで，村の生活は向上しました。彼は村にとって欠くことのできない人でした。

太平洋戦争が1941年に始まりました。ペルーでは軍警察が日本人を逮捕し始めました。

まもなく軍警察は彼らを探しに村に来ました。村人はみな警察に「この村には日本人はいない」と言いました。与吉と彼の家族は村人に救われました。戦後，彼は53歳のときに村の初代村長になりました。

　与吉は73歳のときに初めて大玉村に帰りました。彼は滞在中マチュピチュ村を人々に紹介しました。日本の彼の家族は彼に日本にとどまるよう頼みましたが，彼は次の年にはペルーに戻りました。彼は再び大玉村には戻りませんでした。彼の人生は1969年に終わりました。

　マチュピチュは1983年に世界遺産になりました。マチュピチュ村は世界中の多くの都市に友好都市になるよう頼まれましたが，村は大玉村を初めての友好都市として選びました。これは与吉の偉大な功績のためでした。彼の功績は今でも日本とペルーをつなげています。

■ 9. プラスチック公害と海

問1　A．エ　B．ア　問2　microplastics　問3　ウ
問4　stop making plastic completely　問5　(a) ウ　(b) イ　(c) ア　問6　イ・オ

◇ 解説 ◇

問1　A．「プラスチックは長持ちするだけでなく，安くて便利なので，今日，多くの製品がプラスチックで作られる」。「～だけではなく…も」= not only ～ but also …。B．ちかみち参照。「ほんの1世紀半前には，プラスチックはなかった」。「少しの～もない」= no ～。問2「小さいプラスチック片」→「マイクロプラスチック」。問3「影響がないなどあり得ない」→「プラスチックが健康に悪くないと考えるのは間違いかもしれない」。問4　直前にある「完全にプラスチックを作ることをやめること」がその内容となる。問5　(a)「2018年には，およそ4億トンの新しいプラスチックが生産され，新しい調査では，生産は2050年までに，4倍まで増えると見込まれている」と書かれている。4 × 4 = 16（億トン）となる。(b) 第7段落の中ごろを見る。ますます多くのファストフードレストランが，プラスチックのコップなどをやめて「紙」のものを使い始めていることが書かれている。(c) 第7段落の中ごろを見る。「日本の多くのコンビニエンスストアやスーパーマーケットでは，人々は今，もしプラスチックのビニール袋が必要ならば，お金を払わなければならない」と書かれている。ここでは「～を買う」= buy ～。「～の代金を支払う」= pay for ～なのでイは誤り。問6　ア　第7段落の前半を見る。完全にプラスチックを作るのをやめることは困難だと書かれている。イ「私たちのすべては，私たちの日常生活でプラスチック汚染を減らす何かをすることができる」。第8段落で，私たちができる実に簡単な方法が示されているので正しい。ウ　CDを買わずに音楽をダウンロードすることは，安いからではなく，プラスチック汚染を減らすのでよい。エ「私たちは1950年代から毎年，90億トン以上のプラスチックを生産してきた」。第3段落の1文目を見る。私たちは，毎年ではな

く，総量で 90 億トン以上のプラスチックを生産してきた。**オ**「プラスチックのクレジットカードは約 5 グラムだと言うことができる」。第 5 段落の中ごろを見る。トム・ユーダルが 1 枚のクレジットカードを見せて，私たちが毎週，このカードと同量のプラスチックを体に取り入れていることを話し，科学者たちが「平均的な人は毎週，約 5 グラムのプラスチックを食べたり飲んだりしている」と言っているので正しい。

数量を表す形容詞

◆many と much

「たくさんの〜」という意味を表すとき，数えられる名詞には many，数えられない名詞には much を用いる。a lot of 〜は数えられる名詞にも数えられない名詞にも使える。

◆few と little

few は数えられる名詞，little は数えられない名詞に用いる。「ほとんどない」という否定的な意味を表すときは few ／ little，「少しの〜」という肯定的な意味を表すときは a few ／ a little となる。

◆no と not 〜 any

「まったくない」という意味を表すときは no ／ not 〜 any を用いる。

◀全訳▶ 1 世紀以上も前，プラスチックが初めて販売されたとき，それは「1,000 の使い道がある素材」として宣伝されました。

それは事実です。プラスチックは長持ちするだけでなく，安くて便利なので，今日，多くの製品がプラスチックで作られます。もし，まわりを見れば，多くの種類のプラスチックのものを目にするでしょう。あなたの服のいくつかはプラスチックで作られています。あなたのポケットにある電話は大部分がプラスチックです。たくさんの食べ物や飲み物は普通，ビニール袋かペットボトルに入ってきます。

世界は 1950 年代以降，90 億トン以上のプラスチックを作り，実にもっと多くを作り続けています。実際，2018 年には，およそ 4 億トンの新しいプラスチックが生産され，新しい調査では，生産は 2050 年までに 4 倍まで増えると見込まれています。

ほんの 1 世紀半前には，プラスチックはありませんでした。今はそれがどこにでもあります。それは海の中にも，すべての砂浜にもあり，そして，風がそれを都市の道路に，公園に，木々に，そして野原に運びます。これは生態系にとって深刻な問題です。私たちはよくプラスチックが動物を，特に海の動物を傷つけるということを聞きます。多くのクジラや海鳥，ウミガメが漂着しています。それらのお腹はプラスチックでいっぱいです。

プラスチックは数百年長持ちして，それが分解されるとき，マイクロプラスチック（小さなプラスチック片）になり，惑星に散在します。今，いくつかの調査は，これらのマイクロプラスチックが，私たちの食べ物や飲料水，空気，そしてもちろん，私たちの体の内部にあることを示しています。プラスチック汚染を止めるために働いているアメリカ人の政

治家であるトム・ユーダルはかつて，1枚のクレジットカードを見せて，「ここにあるこの
カードを見てください。これは空気，水，そして食べ物を通して，あなたが毎週，体に取
り込んでいるプラスチックの量です」と言いました。何人かの科学者たちはまた，平均的
な人は毎週約5グラムのプラスチックを食べたり飲んだりしていると言います。2019年
のある研究論文には，平均的なアメリカ人が毎年74,000片のマイクロプラスチックを食
べたり，飲んだり，吸い込んだりしていると書かれています。

　これらの小さいプラスチック片を体の中に取り込むことは，私たちの健康によくありま
せん。「影響がないなどあり得ない」と，ピッツバーグにあるカーネギーメロン大学の化学
の兼任教授であるピート・マイヤーズ博士は言います。

　プラスチック汚染と闘うためには，完全にプラスチックを作ることをやめるのが最善だ
と考えるかもしれません。しかしながら，プラスチックは私たちの日常生活の中でとても
普及しているので，そうすることは困難です。私たちはこの問題を解決する別の方法を見
つけなければなりません。プラスチック汚染を減らす活動の一環として，ますます多くの
ファストフードのレストランがプラスチックのコップ，ストロー，スプーンを使うことを
やめています。それらは今，紙のものを使います。スターバックスは，すべての店で，プ
ラスチックのストローを使うのをやめようとしています。日本の多くのコンビニエンスス
トアやスーパーマーケットでは，人々は今，もしプラスチックのビニール袋が必要ならば，
お金を払わなければなりません。

　私たちのそれぞれがプラスチック汚染を止めるために何かをしなければなりません。こ
こにその汚染を減らすためのいくつかの実に簡単な方法があります。

1. 買い物に行くときに，再利用可能なバッグを持っていってください。
2. コーヒー店に自分のコップを持っていってください。
3. CDを買う代わりに音楽をダウンロードしてください。
4. プラスチック製品を使うのをやめてください。紙か他の再利用可能な商品を使ってく
ださい。
5. 個別包装で買わないでください。その代わりに，まとめて買って，友達と分けてくだ
さい。

　覚えておくべき重要なことは，私たちのそれぞれが私たちの星，地球の後援者であると
いうことです。

10. 企業名とその影響

問1 X. イ　Y. エ　Z. ア　問2 エ　問3 ア　問4 ㋐ taken　㋑ found　㋒ using
問5 ウ　問6 イ　問7 a, very, catchy, name　問8 エ　問9 ウ　問10 イ　問11 ア
問12 ① リ　② ア　問13 the, original, name　問14 イ　問15 ア・カ

◇ 解説 ◇

問1 X. on the Internet =「インターネットで」。Y. because of ～ =「～のために」。Z. for many years =「長年の間」。**問2** グーグルの元の名前を明らかにしている。In fact =「実は」。**問3** a name which is superior =「優れた名前」。**問4** (あ) 受動態〈be 動詞＋過去分詞〉の文。(い) 過去の文なので、過去形にする。(う) 現在分詞の後置修飾。using a technique が後ろから a machine を修飾する。**問5** 第2段落で「グーグル」という名前がついた経緯が書かれている。that's how ～ =「このようにして～」。**問6** 直後の「目指すところは同じである」に対して、「理由は異なる」。different =「異なった」。**問7** (2)は「特別で、言いやすく、そして覚えやすい名前」。第5段落を見る。a very catchy name =「とても人を引きつける名前」。**問8** 商品の名前を会社名にした例として、ゼロックスを挙げている。**問9** so ～ that …=「とても～なので…」。**問10** 第6段落のゼロックスと「同じような状況」であることを指す。ゼロックスは商品名が有名になったので、企業の名前をそれに変えた。**問11** decide that ～ =「～と判断する」。〈help ＋動詞〉=「～するのに役立つ」。sell the product =「商品を売る」。**問12** ちかみち参照。both ～ and …=「～と…の両方」。He called both the drink and his company Pepsi-Cola. となる。**問13** (6)は「今使われている名前」。第1段落や第6段落を見る。the original name =「元の名前」。**問14** 第6段落を見る。ハロイド・カンパニーがゼロックスという名前に変わった。**問15** ア「私たちは長い間ビジネスにおいて名称変更を見てきた」。第8段落の冒頭を見る。正しい。イ 第3段落の2文目を見る。多くの会社が会社の名前を変えている。ウ 第2段落と第5段落を見る。グーグルやヤフーは商品に由来していない。エ 第2段落の後半を見る。グーグルは単語のつづり間違いから生まれた。オ 第6段落の中ほどを見る。会社や学校でよく知られていた名前はゼロックスである。カ「学生がつづりの間違いをしたので、グーグルという名前が生まれた」。第2段落の最後の文を見る。正しい。

\CHIKAMICHI／
⬆ **ちかみち**

注意が必要な文型

◆make A B=「AをBにする」。
 He made me happy.（彼は私を幸せにしてくれました）
◆call A B=「AをBと呼ぶ」。
 We call our dog Pochi.（私たちは私たちの犬をポチと呼びます）
◆name A B=「AをBと名づける」。
 They named their baby Helen.（彼らは彼らの赤ちゃんをヘレンと名づけました）
◆keep A B=「AをBに保つ」。
 We should keep the earth clean.（私たちは地球をきれいに保つべきです）

◀**全訳**▶あなたがインターネットで情報が必要なとき、最初に思い浮かぶ6文字の単語は何ですか？ おそらくあなたはグーグルのことを思いついたでしょう。しかし、グーグ

ルはずっと有名な検索エンジンの名前だったわけではありません。実は，その元の名前は
バックラブだったのです！

　バックラブは，二人の大学院生が1996年に開発した新しい検索エンジンにつけた名前
でした。エンジンがウェブサイトの人気を見つけ出すためにリンクを使っていたので，彼
らはそれをバックラブと呼びました。後に，彼らは優れた名前―莫大な量のデータを示す
名前がほしくなりました。彼らは「googol」という単語を思いつきました。（googol は後
ろに0が100個続く数です。）「googol」がすでに使用されているか調べるために会社名を
チェックしていたとき，学生の一人が誤ってその単語のつづりを間違えてしまい，そのよ
うにしてグーグルが生まれたのです。

　グーグルはビジネスの世界において名称変更の一例にすぎません。多くの他の会社が，
社名や商品の名前を変えることを決定してきています。その理由はたいてい異なりますが，
目指すところはいつも同じです。特別で，言いやすく，そして覚えやすい名前を見つける
ことなのです。

　ここにいくつかの例があります。

　二人の若いコンピューターの専門家，ジェリー・ヤンとデビッド・ファイロは，1994年
にインターネット情報のガイドを開発しました。彼らはそれを「ワールド・ワイド・ウェ
ブのジェリーとデビッドのガイド」と呼びました。しかし，彼らはすぐにこれがあまり人
を引きつける名前ではないことに気づいたので，辞書を使ってより良い「ヤフー」という
名前を見つけました。

　会社は彼らの一商品の人気のために，名前を変えることがあります。ゼロックスが良い
例です。ゼロックスは，長年オフィスや学校でよく知られている名前ですが，その会社は
ずっとゼロックスと呼ばれていたのではありません。その元の名前は，ハロイド・カンパ
ニーでした。1947年，その会社は，ゼログラフィーとして知られている技術を使っている
機械を開発しました。その機械はとてもよく知られるようになったので，ハロイドは1961
年にその名前をゼロックスに変えることにしました。

　同じような状況が，スポーツウェアの世界でも起こりました。1962年，フィル・ナイト
という名前の若いランナーが，ブルー・リボン・スポーツと呼ばれる会社を始めました。
彼はタイガーズと呼ばれる日本のランニングシューズをアメリカ合衆国に持ち込みたかっ
たのです。1971年，ナイトは，彼自身のブランドシューズをデザインして作ることにしま
した。ギリシャの勝利の女神にちなんで，そのシューズにナイキと名前をつけました。ナ
イキのシューズはとても有名になり，ナイトは会社全体の名前をナイキに変えました。

　ビジネスにおける名称変更は，何年も前にさかのぼります。「ブラッドのドリンク」に
ついて考えてみましょう。これは1893年，キャレブ・ブラッドハムによって作られたソ
フトドリンクの名前でした。ブラッドハムは甘くて，おいしいコーラの飲み物を作る新し
い方法を発見しました。彼は，もっと良い名前が世界中でその商品を売るのに役立つだろ
うと判断しました。彼はその飲み物と彼の会社の両方をペプシ・コーラと呼びました。こ

れは，飲み物の中の二つのもの―ペプシンとコーラ・ナッツにちなんで名づけられたと信じている人もいます。今日，ペプシ・コーラは人気のあるソフトドリンクで，その会社によって今使われている名前のペプシコは，世界中で有名です。